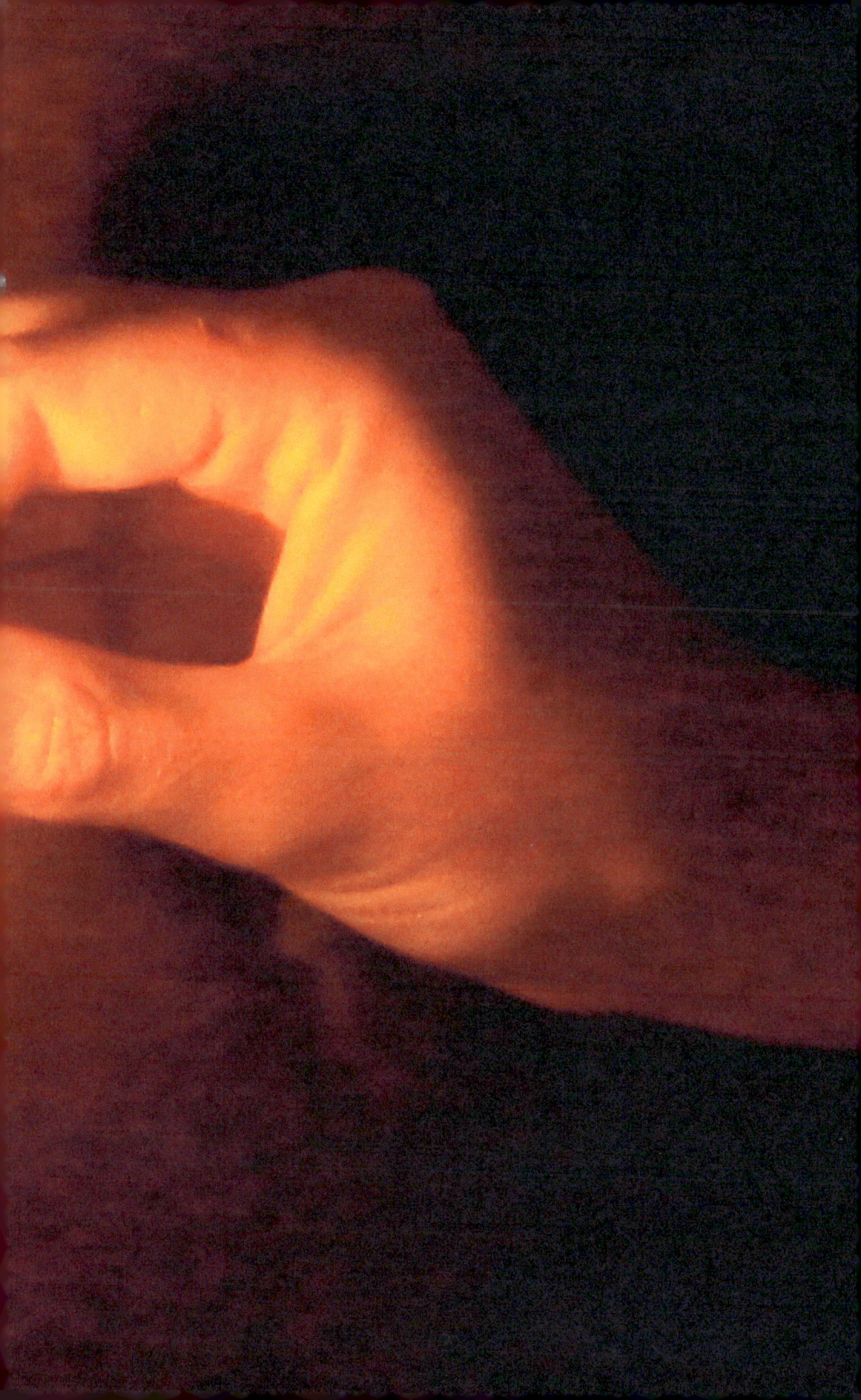

Niklaus Kuster

Wenn der Funke überspringt …

Theresia Haselmayr & Regens Wagner

Niklaus Kuster

Wenn der Funke
überspringt …

Theresia Haselmayr & Regens Wagner

Eine Geschichte mit Zukunft

Mit Vorworten von
M. Roswitha Heinrich OSF und Rainer Remmele
und einem Nachwort von Annika Gogg

Patmos Verlag

VERLAGSGRUPPE PATMOS

PATMOS
ESCHBACH
GRÜNEWALD
THORBECKE
SCHWABEN
VER SACRUM

Die Verlagsgruppe
mit Sinn für das Leben

https://www.regens-wagner.de/historischedokumente

Wo Sie dieses Zeichen sehen, können Sie über den Link einen Blick
in die Originaldokumente werfen.

Klimaneutral
Druckprodukt
ClimatePartner.com/14549-2003-1001

Für die Verlagsgruppe Patmos ist Nachhaltigkeit ein wichtiger Maßstab
ihres Handelns. Wir achten daher auf den Einsatz umweltschonender
Ressourcen und Materialien.

Bildlegenden: Rainer Remmele
Umschlaggestaltung: Finken & Bumiller
Umschlagabbildung: toa heftiba / unsplash
Satz: mittelstadt 21, Vogtsburg-Burkheim
PNB Print Ltd, Silakrogs
Hergestellt in Lettland
ISBN 978-3-8436-1339-2

Inhalt

Inhalt

Inhalt

Zwei, die vor der Zukunft keine Angst hatten

Vorwort der Generaloberin der Dillinger Franziskanerinnen

Eine Doppelbiografie zur Generaloberin Theresia Haselmayr und Regens Johann Evangelist Wagner: Fehlt sie nicht schon lange? Zwar gab es verschiedene Versuche, das einzigartige Wirken des Dillinger Regens darzustellen, doch über die Meisterin der Schwestern ist bisher noch kein Lebensbild erschienen. Die vielseitig initiative Frau stand in der gemeinsamen Geschichte meist etwas im Schatten des Sozialpioniers.

Man kann es Zufall nennen oder Fügung, dass Johann Evangelist Wagner und die fast gleichaltrige Theresia Haselmayr einander in Dillingen begegneten. Ich nenne es einen Glücksfall! Zwei junge Menschen, eigenständige Persönlichkeiten mit unterschiedlichen Begabungen, trafen ihre Lebensentscheidung: Sie verließen Gewohntes und stellten sich in den Dienst des Evangeliums für Kirche und Welt – zwei, die vor der Zukunft keine Angst hatten. Sie legten den Grundstein für das große Sozialwerk in Bayern, die »Regens-Wagner-Stiftungen«.

Johann Evangelist Wagner – Bauernsohn aus dem Dorf Dattenhausen, Präfekt, Professor, Regens und Beichtvater der Dillinger Franziskanerinnen – war ein wachsamer, charismatischer und tief spiritueller Begleiter angehender Priester, der wachsenden Gemeinschaft der Dillinger Franziskanerinnen und vieler Menschen in der damaligen kulturellen und sozialen Welt Dillingens und Bayerns. Die Dillingerin Theresia Haselmayr hat der kleinen Gemeinschaft, die nach 588-jähriger Geschichte und Säkularisation vor dem Aussterben stand, aufblühendes Leben gebracht. Unter ihrer Leitung ging es mit dem Orden »steil bergauf«.

Die kleine Schar der Schwestern war 1847 arm an finanziellen Mitteln und reich an Initiative. Wach für die Nöte der Zeit, übernahm sie bereitwillig den Dienst an taubstummen Mädchen. 1854 schickte Theresia Haselmayr großzügig Lehrerinnen aus ihrer kleinen Gemeinschaft nach Oggelsbeuren (Sießen), Diözese Rottenburg, und nach Au am Inn, Diözese München. Diese Tochterklöster waren gezwungen, selbständige Gemeinschaften zu werden. Von Oggelsbeuren aus entwickelten sich Kloster Bonlanden und Kloster Heiligenbronn wiederum als eigenständige Gemeinschaften, an deren Werden die Dillinger Franziskanerinnen mitbeteiligt waren.

Theresia Haselmayr war schon damals eine emanzipierte Frau, immer im Dialog mit Gott und ihren Schwestern, mit einem großen Herzen für Menschen in Not und Bedrängnis. Ich würde sagen, Meisterin Theresia Haselmayr und Regens Wagner besaßen viel Coolness im Bewältigen von schwierigen und herausfordernden

Situationen. Was das Besondere dieser beiden Persönlichkeiten ausmachte, waren ihre Visionen, ihre Leitideen und ihre Kraftquellen, die sie im Alltag trugen. Die Doppelbiografie lässt ihre Lebenswege in unsere Zeit sprechen.

Pfarrer Rainer Remmele, dem heutigen Direktor der Regens-Wagner-Stiftungen, bin ich sehr dankbar, dass er sich mit uns Schwestern die Idee einer Doppelbiografie zu eigen gemacht hat. Zusammen mit unseren franziskanischen Bruder Niklaus Kuster, Kapuziner aus der Schweiz, einem Fachmann für Kirchengeschichte und Spiritualität, konnten wir den Lebenslinien von Theresia Haselmayr und Johann Evangelist Wagner nachspüren. Allen, die mitgeholfen haben, meinen ausdrücklichen Dank mit einem herzlichen Vergelt's Gott!

Es freut mich, wenn – zusammen mit den Mitarbeitern und Mitarbeiterinnen in den Einrichtungen – unsere Mitschwestern und viele weitere interessierte Menschen durch diese Doppelbiografie selbst das Gespräch mit diesen eindrucksvollen Persönlichkeiten suchen. Beide sind bis heute hochaktuell und bestärken uns, in unserem Miteinander weiterhin für Menschen mit Beeinträchtigung und ebenso für Menschen in verschiedenen Lebenssituationen da zu sein, um auch ihnen ein »Leben in Fülle« (Johannes 10,10) zu ermöglichen.

Schwester M. Roswitha Heinrich OSF

Es braucht die Erinnerung

Vorwort des Direktors
der Regens-Wagner-Stiftungen

Wenn der Funke überspringt … dann wird was entfacht, dann entsteht was, dann wird aus einer Idee Wirklichkeit. Wenn, ja, wenn der Funke überspringt. Am Anfang eines jeden Neubeginns steht eine zündende Idee. Am Anfang eines jeden Neubeginns stehen aber immer auch Menschen, auf die der zündende Gedanke, die zündende Idee überspringen kann, die sich entflammen lassen, die offen und empfänglich sind für heiße, brandneue Impulse. Beides ist notwendig. Nur so wird aus einem Funken ein Feuer. Nur so entspringt aus einer geistreichen Initialzündung eine neue Bewegung. Wenn sich dann noch aus dem Funken etwas Nachhaltigeres entwickeln soll als ein kurz aufloderndes Strohfeuer, dann braucht es immer wieder die Rückbindung an den zündenden Funken und die Menschen, die sich davon entflammen ließen.

Seit 175 Jahren bieten Frauen und Männer in den Regens-Wagner-Stiftungen Menschen mit Behinderung eine Begleitung auf den Wegen des Lebens an. Seit 1847 gehen Frauen und Männer mit und ohne Behinderung ein Stück des Lebensweges gemeinsam. Aktuell begleiten rund 7300 Mitarbeitende ca. 10 000 Menschen mit Assistenzbedarf. So ist es nur angemessen, im Jubiläumsjahr zurückzublicken und nachzuspüren, wie alles begann, woraus sich alles entwickelt hat, was bis heute die zündenden Ideen und Gedanken sind, die Menschen zusammenführen und motivieren, einander Teilhabe und Teilgabe zu ermöglichen. Damit diese einmalige Geschichte auch weiterhin Zukunft hat, braucht es diese Erinnerung.

Es braucht die Erinnerung an Theresia Haselmayr und an Johannes Wagner. Es braucht die Erinnerung an die innovative, tatkräftige Ordensfrau und den praktisch begabten Theologen und Professor. Es braucht die Erinnerung an die geschwisterliche, hellwache Dillinger Franziskanerin und an den offenen, mitsorgenden Leiter des Dillinger Priesterseminars. Es braucht die Erinnerung an Begegnungen und Erfahrungen, an Erkenntnisse und Lebensweisheiten, an Haltungen und zugrundeliegende Werte. Es braucht die Erinnerung an so viele, auf die der Funke übergesprungen ist und die in ihrer Zeit und unter ihren Bedingungen das Feuer am Lodern gehalten haben. Vor allem aber braucht es das Interesse und die Neugier all der Menschen, die heute auf dem Weg sind: Woher kommen wir? Wohin wollen wir gehen? Wie wollen wir miteinander auf dem Weg sein?

Für unser Projekt-Team, aber auch für mich persönlich ist es ein Geschenk, dass Br. Niklaus Kuster mit uns lebendig und lebensnah zurück auf die Anfänge blickt. Er tut es heutig. Er tut es franziskanisch. Er stellt den Priester nicht über die Schwester. Er versteckt die scheinbar Unbekannte nicht hinter dem öffentlich Bekannteren. Er gewährt einen Blick in sein Inneres und lässt uns teilhaben an alldem, was ihn im Blick auf die beiden Persönlichkeiten und deren Geschichte berührt. Bei seinem Eintauchen in zwei atemberaubende Lebensgeschichten aus der Zeit der Säkularisation wurde Br. Niklaus unterstützt von Sr. Michaela Speckner und von Dr. Bernhard Brenner. Sr. Michaela – studierte Sonderpädagogin und mit vielen Leitungsaufgaben betraut, die die Ordensgemeinschaft und die Stiftungen anzubieten haben – hat sich in allen Phasen ihres Lebens und an allen Stationen ihres Wirkens mit der Geschichte ihrer Gemeinschaft und der Geschichte des Werks auseinandergesetzt. Mit persönlichem Interesse und wissenschaftlichem Anspruch sondierte sie für diese Doppelbiografie die Quellenlage und brachte aus den Archiven so manchen Schatz wieder ans Tageslicht. Dr. Brenner, seines Zeichens Archivar bei Regens Wagner und promovierter Historiker, ging vielen zeitgeschichtlichen Fragen detailliert auf den Grund und leistete mit seiner Fachkompetenz bei der Einordnung einzelner Gegebenheiten wertvolle Dienste. Dank der großzügigen Unterstützung dieser beiden Personen konnte werden, was geworden ist.

»Es wäre viel Brennstoff da, aber es fehlt der zündende Funke.« So lautet ein oft zitierter Satz von Regens Wagner. Wenn dem auch heute noch so ist, dann könnte die Begegnung mit Theresia Haselmayr und Johannes Wagner diesen fehlenden zündenden Funken liefern. Wenn ich auf unsere Gesellschaft schaue, wenn ich die Menschen betrachte, die mir begegnen, dann sehe ich Menschen jeglichen Alters mit vielen kostbaren Gaben und Talenten. Ich sehe Menschen mit Idealen und Werten. Ich sehe Menschen mit einmaligen Erfahrungen und Kompetenzen. Ich sehe Menschen mit Leidenschaft und Tatkraft. Tatsächlich: Was oft fehlt, ist ein zündender Funke, eine lebenswerte Idee, ein kleiner Impuls, ein liebevoller »Stupfer«, der all diese wertvollen Brennstoffe für eine gute Sache, für eine inklusive Gesellschaft, für eine geschwisterliche Welt zum Zünden bringt. Das ist meine große Hoffnung für dieses Buch. Möge es zünden! Möge es den Funken zum Überspringen bringen! Möge es das Feuer der Liebe zu sich selbst, zu Gott und zu den Menschen immer wieder neu entfachen!

Rainer Remmele
Geistlicher Direktor

Inspiration aus dem Dialog

Zu dieser Doppelbiografie

Dass die eigenständigen Lebenswege von zwei Persönlichkeiten und ihr Wirken in einer Zusammenschau dargestellt werden, verdankt sich einer dreifachen Motivation. Eine erste liegt im Wunsch der Generaloberin der Dillinger Franziskanerinnen, Sr. Roswitha Heinrich, und von Pfarrer Rainer Remmele, Direktor und Vorstandsvorsitzender der Regens-Wagner-Stiftungen, begründet. Sie baten mich, dieses Buch zu schreiben. Ein zweites Motiv knüpft an die Wahrnehmung von Schwestern an, die bereits zu Lebzeiten der beiden Leitungsverantwortlichen von »geistlichen Eltern« sprachen: einer mütterlichen Meisterin und einem väterlichen Direktor, deren Zusammenspiel die erstaunliche Expansion der Kongregation ab 1843 erst möglich machte. Die Zusammenschau der beiden Lebenswege kann verdeutlichen, wie sich das Zusammenwirken der zwei Persönlichkeiten entwickelte und in welchen

Bereichen sich die beiden je eigen profilierten. Ein drittes Motiv hängt mit der größeren franziskanischen Geschichte zusammen: Bereits in deren Anfängen lässt sich die Spiritualität des wandernden Bruders Franz nur im Zusammenspiel mit der sesshaften Klara von Assisi verstehen, und die Schwester hätte ihre Gemeinschaft ohne brüderliche Verbündete nicht mit Konventen in halb Europa vernetzen können.[1] Die Dillinger Gemeinschaft reicht in die Zeit von Franz und Klara zurück und gilt als weltweit älteste Franziskanerinnenkongregation. Die Doppelbiografie wird aufzeigen, wie Schwestern auch 600 Jahre nach ihrer Gründung männliche Verbündete brauchten, um ihre eigene Sendung selbstbewusst in neuen Formen leben zu können. Das Zusammenwirken der Schwestern mit ihrem geistlichen Direktor eröffnete jedoch nicht nur erstaunlich innovative Felder weiblichen Wirkens, sondern prägte auch den Priester, Professor und Regens: Seine Spiritualität nahm immer deutlicher franziskanische Züge an, und begraben wurde er schließlich als Terziar des franziskanischen Weltordens.

Jedes Lebensbild des Dillinger Regens Johann Evangelist Wagner kommt auf dessen enge Kooperation mit den Dillinger Franziskanerinnen zu sprechen. Ohne die tatkräftigen Schwestern und ihre mutige Meisterin Sr. Theresia Haselmayr wären die kühnen Ideen des großen Sozialpioniers nicht umzusetzen gewesen.[2] Die Literatur über die Generaloberin, die das städtische Kloster in ihren 42 Amtsjahren zu einer überregional tätigen Kongregation ausgestaltete, fällt spärlicher aus. Eine Biografie fehlt bis heute. Die ausführlichste Würdigung findet sich in der Klostergeschichte, die Sr. Lioba Schreyer vor vier Jahrzehnten veröffentlichte. Nahezu 600 Seiten dokumentieren die Entwicklung von Haselmayrs Klostereintritt bis zu ihrem Tod im Spiegel der Quellen.[3] Von Regens

Wagner ist dabei nur sporadisch die Rede. Auf der Basis dieses Doppelbands erarbeitete Sr. Michaela Haas eine griffigere Klostergeschichte, die 2017 erschien. Die Autorin lässt das eigenständige Profil der drei Meisterinnen erkennen, die das 19. Jahrhundert prägten. Regens Wagner kommt dabei ebenfalls nur marginal vor. Die Autorin macht deutlich, wie zielstrebig und selbstbewusst die Meisterin zusammen mit ihren Schwestern neue Felder des Wirkens erschloss, Filialen und neue Klöster gründete und die rapide wachsende Kongregation weit über Bayern hinaus expandieren ließ. Die Rolle des Regens erscheint auf die Sozialwerke fokussiert, die heute denn auch seinen Namen tragen. Sie sind insgesamt ein überschaubarer Teil in Sr. Theresias Lebenswerk.[4]

Der altrömische Staatsmann Cicero hat die »Geschichte als Lehrmeisterin des Lebens« bezeichnet.[5] Deren Kenntnis lässt nicht nur die gegenwärtigen Verhältnisse aus ihrem Werdegang verstehen: Erfahrungen früherer Generationen können über die Zeiten hinweg im Heute inspirierend wirken. Da die Auseinandersetzung mit Geschichte dort am fruchtbarsten wird, wo die Vergangenheit in den Dialog mit der Gegenwart tritt, wird die folgende Spurensuche durch zwei Lebensgeschichten auch literarisch den Austausch suchen. In kurzen geschwisterlichen Gesprächen wende ich mich auch persönlich berührt an Sr. Theresia und Regens Johannes Wagner. Diese Art von Intermezzi lädt Leserinnen und Leser ein, mit eigenen Erfahrungen und Fragen an die beiden Hauptpersonen dieser Doppelbiografie heranzutreten.

Auch dieses Buch verdankt sich einer geschwisterlichen Kooperation. Sr. Michaela Speckner hat zusammen mit dem Archivar Dr. Bernhard Brenner eine reiche Dokumentation an Quellen und Literatur zusammengestellt und in einer gemeinsamen Werkstattwoche in Dillingen mit mir auch an den Feinheiten des Textes gefeilt. Ich danke Sr. Michaela für die vielfältigen Vorarbeiten und die aufmerksame Liebe zum Detail der Darstellung.

Das Buch ist den Schwestern gewidmet, die dem 800-Jahr-Jubiläum ihrer Gemeinschaft entgegengehen, und all den Mitarbeiterinnen und Mitarbeitern von Regens Wagner, die Tag für Tag dafür sorgen, dass diese »Geschichte mit Zukunft« weitergeschrieben wird.

Br. Niklaus Kuster OFMCap

I
Kindheit und Jugend

Jeder Mensch ist geprägt vom Land, in dem er das Licht der Welt erblickt, und von der Zeit, in der er aufwächst. Als Johann Evangelist Wagner Anfang Advent 1807 im kleinen Bauerndorf Dattenhausen geboren wird und Clara Haselmayr ihm in der nahen Stadt Dillingen nur gerade sieben Wochen später folgt, steckt das Land in einer tiefen Krise. Seit Jahren wüten die Kriege der napoleonischen Zeit, die Tausende von Soldaten ins Grab bringen und die sozialen Nöte verschärfen. Eben erst politisch aufgewertet und zum Königreich erhoben, steht Bayern wirtschaftlich am Rande des Staatsbankrotts. Landstädte und Bauerndörfer ächzen unter den Lasten von Krieg, fremden Heeren, fürstlichem Luxus, Staatsschulden und Verwaltungsreformen. Bevor wir uns den Herkunftsfamilien und der Jugend der beiden Kinder ihrer Zeit zuwenden, gilt es, einen Blick auf das Zeitgeschehen und seine vielfältigen Nöte zu werfen.

1. Eine Zeit voller Schrecken und Not

Karl II. Theodor, der Bayern ab 1777 regierte, häufte Schulden von 25 Millionen Gulden an. Als der Kurfürst 1799 starb, klafften noch immer Löcher in der Staatskasse, obwohl er über Jahre hohe Steuern erhoben hatte. Die Verschwendungssucht des Fürsten und ein erster Koalitionskrieg zusammen mit Preußen und Österreich gegen das revolutionäre Frankreich hatten die

Staatskasse weiter belastet. Karlstor und Karlsplatz erinnern in München noch heute an den Herrscher, der die Kunst liebte und Voltaire und Mozart zu seinen Freunden zählte, sein Heer jedoch in einem erbärmlichen Zustand hinterließ. In seinen letzten Jahren stießen denn auch 1796 französische Truppen erstmals an die Isar vor und beschossen in jenem Sommer sogar die Residenzstadt München.

1798 brachte der Zweite Koalitionskrieg, der drei Jahre wütete, 110 000 österreichische Soldaten ins Land, deren Unterhalt die Städte wie auch die Bauernfamilien arg belastete. Im Laufe dieses Krieges kam es Mitte Juni 1800 zur Schlacht bei Höchstädt an der Donau. Die Klosterchronik der Franziskanerinnen schildert den vorausgehenden Artilleriebeschuss Dillingens, die französische Besetzung, die Zerstörungen auf dem Land und Übergriffe in der Stadt sowie das Hausen besoffener Soldaten im Kloster, »dass man nicht wusste, ob sie Menschen oder Schweine waren«.[6] Von der französischen Rheinarmee geschlagen, verlor das mit bayerischen und württembergischen Soldaten verstärkte österreichische Heer an der Donau rund 1000 ihrer 10 000 Mann, die Franzosen bei vierfacher Übermacht ebensoviele. Zuvor hatte General Jean-Victor Moreau München besetzt. Allein in Altbayern lagerten und marodierten 100 000 französische Soldaten. Stadtbürger und Bauern hatten für deren Verpflegung und Versorgung aufzukommen. Wo immer Truppen durchzogen, kam es auch zu Plünderungen, Brandschatzungen und Vergewaltigungen. Anfang Dezember schlug General Moreau, ein Gefährte Napoleons, das österreichisch-bayerische Heer bei Hohenlinden östlich von München. Im Februar 1801 willigte der deutsche Kaiser Franz II. in den Frieden von Lunéville ein. In der Folge verlor Bayern seine linksrheinischen Gebiete.

Der nächste Sturm ließ mit dem Dritten Koalitionskrieg nicht lange auf sich warten. Kurfürst Maximilian IV. Joseph von Bayern verbündete sich angesichts von Napoleons Erfolgen 1805 mit dem Kaiser der Franzosen. Dessen »Grande Armée« zog in jenem Herbst in einem Blitzfeldzug gegen Österreich, das 84 000 Mann in Südbayern stehen hatte. Napoleon siegte in Ulm, marschierte entlang der Donau gegen Wien und eroberte die Stadt vor Mitte November. Bayern unterstützte auch den weiteren Feldzug tatkräftig und kämpfte Anfang Dezember in der Dreikaiserschlacht von Austerlitz auf französischer Seite. 23 000 Soldaten blieben tot auf dem Schlachtfeld zurück, ein Siebtel der beteiligten Heere. Frankreich belohnte Bayern im Frieden von Pressburg mit Tirol und Vorarlberg, und Napoleon verlieh dem Bündnispartner an Neujahr 1806 die Königswürde.

Der Herzog und Kurfürst durfte sich fortan König Maximilian I. Joseph von Bayern nennen. Er gestaltete seinen Staat mit neuen Verwaltungskreisen und modernem Beamtenwesen nach französischem Vorbild um. Auch in seinem Reich sollten Schulpflicht und Freihandel kulturell und wirtschaftlich zu einer schnellen Entwicklung beitragen. Doch noch verhinderten neue Kriegswirren einen Aufschwung. Im Frühling 1809 kam es wieder zu Kämpfen, als die österreichische Armee nach Altötting vorstieß, vor Napoleon nach Norden auswich und am 22. April in der Schlacht von Eggmühl bei Regensburg geschlagen wurde. Bayerische Zwangsrekrutierungen in Tirol provozierten in jenen Wochen den Volksaufstand unter Andreas Hofer, der sich von Innsbruck aus landesweit ausbreitete. Erst im November konnte dieser nach mehreren Schlachten mit Frankreichs Hilfe gewaltsam erstickt werden.

1812 bürdete Napoleons Russlandfeldzug dem Bundesgenossen neue Lasten auf. Der bayerische König sandte 33 000 Soldaten mit gegen Moskau; nur 4000 von ihnen sollten das Debakel überleben. Im folgenden Jahr 1813 stellte sich Bayern den Österreichern am Inn entgegen. Die Kriegslast bedrückte weite Teile des Reiches: Ganze Wagenladungen mit Brotlaiben und Eimern voller Bier, große Mengen an Hafer und Heu, Stroh und Holz sowie an wertvollen Gulden waren abzuliefern. Nichtsdestotrotz kam es in den Städten und auf dem Land zu Plünderungen durchziehender Soldaten. Kurz darauf wechselte Bayern erneut die Seite und schloss sich der Allianz gegen Napoleon an, gerade rechtzeitig vor der Völkerschlacht von Leipzig und am Rand des eigenen Staatsbankrotts. Der bayerische Feldherr Carl Philipp Fürst von Wrede schlug 1814 siegreiche Schlachten in Frankreich. Doch auch nach Napoleons Sturz und der Friedensordnung des Wiener Kongresses von 1815 nahm die Not kein Ende. Zwei Sommer, ein nasser und ein trockener, führten zu Missernten und Hungersnöten in Bayern, wodurch die Bevölkerung weiter verarmte. Das Königreich schlitterte tief in die Inflation, welche die prekäre Lage vieler einfacher Familien verschärfte.

Innenpolitisch führte der Kurfürst und spätere »König Max« ab 1802 nach französischem Vorbild in seinem Reich die Säkularisation durch. Die Klöster wurden enteignet, ihre Güter vom Staat eingezogen und die Gemeinschaften zum Aussterben verurteilt. Dillingens »Kleines Kloster« der Dominikanerinnen und das »Große Kloster« der Franziskanerinnen ereilte dieses Schicksal 1803. Sie durften fortan keine Novizinnen mehr aufnehmen und lebten als Gäste im ehemals eigenen Haus mit einer spärlichen Pension des Staates. Bayern wurde zu einem modernen Beamtenstaat ausgebaut und in acht Verwaltungseinheiten aufgeteilt. Durch die Abschaffung von Binnenzöllen entstand ein Wirtschaftsraum, in dem auch Maße, Gewichte und Währung vereinheitlicht wurden. 1817 regelte ein Konkordat das Verhältnis mit dem Heiligen Stuhl neu und schuf die beiden heute noch bestehenden Kirchenprovinzen München und Freising sowie Bamberg. Eine neue Verfassung des Königreichs Bayern festigte politisch die konstitutionelle Monarchie als Staatsform, die den Gemeinden jedoch weitgehende Selbstverwaltung durch demokratisch gewählte Räte einräumte. Der baufreudige Herrscher ließ in München die Maxvorstadt entstehen. Für unsere Dillinger Geschichte bedeutsam wurde die von Maximilian I. in seinem Reich eingeführte Schulpflicht. Bereits im Kurfürstentum 1777 verordnet, konnte die sechsjährige Volksschule jedoch erst ab 1802 durchgesetzt werden. Der Mangel an Schulräumen und qualifiziertem Lehrpersonal in vielen Gebieten sollte zur Rettung und zur schnellen Ausbreitung der Dillinger Franziskanerinnen beitragen.

Nach den beiden Hungerjahren 1816 und 1817 sorgte der folgende Sommer für reiche Ernten und beendete damit die Versorgungsengpässe. Der kleine Johann Evangelist und die künftige Sr. Theresia waren damals eben erst zehnjährig. Wie ernst die Lage in den Jahren zuvor war, zeigt ein »Noth- und Hülfsbüchlein für Arme«, das 1817 in München erschienen ist. Es erklärt, wie man »Nothbrod aus Torfmoos« gewinnt.[7] Der Verfasser beschreibt den Anlass auf der Titelseite wie folgt: Es gehe um »die Kunst, bei gegenwärtiger Theurung aus allerley wildwachsenden Pflanzen und Baumfrüchten, wie auch aus einigen Feld- und Gartengewächsen, mit geringen Kosten, sich ein gesundes und nahrhaftes Nothbrod zu verschaffen«. Dazu biete sich notfalls Moos an, das »in sumpfigen Wäldern und Wiesen, auf morasti-

gen Weiden und Torfgründen häufig wächst, und zu allen Jahrs-
zeiten zu haben ist«. Tatsächlich zeigen sich der Junge in Dattenhausen und das Mädchen in Dillingen von den Nöten der Zeit in
ihrer Kindheit unterschiedlich betroffen.

2. Kindheit auf dem Land und in der Stadt

Sieben Wochen trennen die Geburtsdaten des Bauernsohnes
und der städtischen Arbeitertochter, und drei Gehstunden ihre
Geburtsorte. Johann Evangelist Wagner kommt zur Welt in Dattenhausen an der Egau, das 15 Kilometer nördlich von Dillingen
liegt. Sein Vater, dessen Namen der Säugling zwei Tage nach der
Geburt bei der Taufe erhält, ist Großbauer und Bürgermeister
des Dorfes. Er hat im Juni 1799 Anna Mayr geheiratet, die im
folgenden Frühling an der Geburt ihres ersten Kindes stirbt. Das
Mädchen folgt der Mutter nach vier Lebenstagen ins Grab. Drei
Monate später, im Juli 1800, führt der Bauer Johann Evangelist
Wagner Kreszentia Waldenmayr aus Schabringen zum Traualtar. Sie bringt im Jahresrhythmus drei Töchter und einen Sohn
zur Welt: Anna Maria 1802, Franziska 1803, Kreszentia 1804 und
Joseph 1805. Die Vornamen der Kinder ehren deren väterliche
Großeltern, die beiden Gattinnen des Vaters und eine Urgroß-
mutter namens Franziska.[8] Die drei jüngeren Kinder sterben
in jenen Jahren der Not früh. Nach der Geburt von Johann am
5. Dezember 1807, dem Samstag der ersten Adventswoche, folgen
drei weitere Söhne: Georg Alois 1809, wiederum ein Josef 1813
und Sebastian 1815. Mit diesen drei jüngeren Brüdern und der
fünf Jahre älteren Schwester wächst Hansl auf. Die Kinder werden von der agrarischen Welt und der traditionsbewussten Kultur

Hineingeboren in ein Haus, eine Familie, in ein Dorf, eine Gemeinschaft, in (m)eine kleine Welt. *(Blick über die Egau nach Dattenhausen)*

eines Bauerndorfes geprägt, das in einer sanften Landschaft in den Ausläufern der Schwäbischen Alb liegt.

Erinnerungen an die Kindheit zeugen von einem lebhaften und sensiblen Buben. Er wird später erzählen, dass am Tag seiner Geburt im Stall auch ein Kälbchen und ein Fohlen zur Welt kamen. Das große Bauerngut an der Egau verfügt über reiche Äcker und auf den Wiesen weiden mehrere Pferde. Der Junge erinnert sich später daran, dass er eines Tages im Fluss beinahe ertrunken wäre und der Vater, der den Hut des Kleinen davonschwimmen sah, ihn dem nassen Tod entriss. Auch von anderen Abenteuern ist die Rede. Die Buben können den schönen Äpfeln des Nachbarn nicht widerstehen und steigen wiederholt durch ein Scheunenfenster, um unbeobachtet in dessen Garten zu kommen. Als der Vater dies bemerkt, bestreut er das Fensterbrett mit Rötelpulver, stellt die kleinen Diebe mit ihren rot gestreiften

Hemden zur Rede und verpasst ihnen eine Abreibung.[9] Das Dorf Dattenhausen ist damals überschaubar, besteht aus 71 Häusern und zählt keine 400 Einwohnende. Der aufgeweckte Junge ministriert zur Messe in der nahen Pfarrkirche[10] und wird von den Eltern in die Dorfschule geschickt. Obwohl bereits eine staatliche Schulpflicht besteht, ist der Unterricht des Dorflehrers zeitweise schlecht besucht und von so dürftiger Qualität, dass Vater Wagner seinen Kleinen das Rechnen selber beibringen muss. Schon als Junge zeigt sich Hans betroffen über ein Kind, das gesellschaftlich ausgegrenzt wird: Ein taubstummer Junge geht bettelnd durchs Dorf, bekommt Unterstützung von der religiös wie sozial sensiblen Mama Kreszentia, wird jedoch von anderen Kindern gehänselt. Der liebevolle Umgang mit dem schikanierten Jungen, den Hans in seinem eigenen Zuhause beobachtet, wird ein Schlüsselerlebnis für den späteren Sozialpionier.

Als der Vater seinen ältesten Sohn nach Dillingen mitnimmt, wo er sein Korn im einstigen Dominikanerinnenkloster einlagert und auf den Markt geht, wird der neugierige Junge auf Studenten aufmerksam, die das dortige Gymnasium besuchen. Er beobachtet in den Gassen auch junge Priesterkandidaten, die im Klerikerseminar wohnen. Eines Tags überrascht der Junge seinen Vater mit dem Wunsch, ebenfalls Priester zu werden. Im folgenden Ringen um die Berufswahl – als Ältester hätte er den Hof übernehmen sollen – findet der Sohn die Unterstützung durch den Ortspfarrer Alois Klaus. Mit 13 Jahren darf Hans trotz der Skepsis seines Vaters zum Studium nach Dillingen wechseln, wo eine neue Lebensetappe beginnt.[11]

Kam Wagners Sohn Johann Evangelist drei Wochen vor Weihnachten 1807 zur Welt, so wurde Clara drei Wochen nach dem folgenden Dreikönigsfest geboren. Ihr Vater Franz Xaver

Anton Haselmayr war Pflasterer. Wie auf dem Hof des Egau-
bauern starb die erste Ehefrau – Maria Barbara Johanna, eine geborene Lindenmann – schon früh. Sie wurde im November 1806
mit 39 Jahren von Typhus dahingerafft. Der
kinderlose Jungwitwer heiratete bereits im
folgenden Januar erneut und führte Katharina Kaiser zum Traualtar. Die Tochter der

> **Wer aufrichtig ist, wird manchmal anstoßen.**
> *Johann Ev. Wagner*

Bauersleute Matthias und Anna Maria Kaiser aus Ballhausen bei
Syrgenstein war bei der Hochzeit schon im 36. Lebensjahr und
hatte bis dahin in Dillingen als Dienstbotin gearbeitet.

Clara ist das erste Kind des Paares und sieht das Licht der
Welt am 24. Januar 1808. Zwei Stunden nach der Geburt wird sie
in der Stadtpfarrkirche getauft und wächst im kleinen Haus der
Familie in der Seelgasse 12 auf. Clara bekommt 1812 ein Schwesterchen, Magdalena Johanna, das knapp dreijährig stirbt, und 1814
einen Bruder namens Franz Xaver.[12] Das Mädchen besucht die
Volksschule im Franziskanerinnenkloster. Dieses hatte eine Ge-
neration zuvor noch gegen 30 Schwestern gezählt. 1774 hatte die
Gemeinschaft auf Druck des Fürstbischofs Clemens Wenzeslaus
die Schulbildung der weiblichen Jugend Dillingens übernommen und dafür im Ökonomiegebäude vier Schulzimmer einge-
richtet.[13] Aufgrund der Enteignung des Klosters in der Säkularisation 1803 lebt die Gemeinschaft nun in bitterer Armut. Das
Verbot, neue Schwestern aufzunehmen, sorgt dafür, dass sich die
Reihen von Jahr zu Jahr mehr lichten. Den Mädchenunterricht
führen die Schwestern dennoch unentgeltlich weiter.

Clara erlebt die bereits älteren Lehrfrauen Meisterin Angelina
Häusler und Antonia Hintermayr sowie die 45-jährige Seraphina
Mayr, eine nahe Verwandte der Wagners von Dattenhausen.
Vielleicht bekommt die Schülerin das Aufatmen der 15 verblie-

Hineingeboren
in eine Wohnung,
eine Familie,
in eine Straße,
eine Nachbar-
schaft, in (m)eine
kleine Welt.
*(Blick in die See-
gasse in Dillingen)*

benen Schwestern mit, als König Maximilian I. Joseph von Bayern im Herbst 1817 verspricht, erste sozial und schulisch tätige
Klostergemeinschaften wieder zuzulassen und das Verbot der
Aufnahme von Novizinnen aufzuheben. Das im Oktober abge-
schlossene Konkordat des Königreichs mit dem Heiligen Stuhl
und der Schulnotstand in weiten Gebieten Bayerns machen diese
erste Lockerung möglich.

Von den beiden Frauenklöstern Dillingens gibt das »Kleine
Kloster« der Dominikanerinnen, die weder pädagogisch noch
sozial tätig sind, die Hoffnung auf. Die zehn verbliebenen, meist
alten Nonnen verlassen ihr 600-jähriges Haus und die Stadt im
Dezember 1817. Die Franziskanerinnen des »Großen Klosters«
stellen voller Hoffnung ein Gesuch an den König und bitten um

Erlaubnis zur Aufnahme neuer Schwestern, die zu Lehrerinnen ausgebildet würden. Obwohl ihre Bittschrift von Bürgermeister und Landrichter unterstützt wird, bleibt sie – wie weitere Gesuche in den folgenden Jahren – ohne Antwort.

3. Früher »Ernst des Lebens« und Firmung

Zwei Jahre nach ihrer Schulentlassung verliert Clara Haselmayr am 27. September 1822 ihre Mutter und verdient sich ihren Lebensunterhalt fortan als jugendliche Dienstmagd in fremden Häusern. Sie wird sich später dankbar an wohlwollende Herren und Herrinnen erinnern – wohlwissend, dass Mägde auf dem Arbeitsmarkt auch bittere Lose ziehen konnten und anderswo respektlos ausgebeutet wurden.

Seit Spätsommer 1820 weilt auch der jugendliche Hans Wagner in Dillingen, besucht das dortige Gymnasium und wohnt als Student bei einer Gastfamilie in Pension. Die Schule zählt über 500 Schüler. Der »Egaubauer« lässt seinen Sohn das erste Jahr in seinem bäuerlichen Outfit in der Stadt studieren. Noch traut er seinem Ältesten nicht zu, mit der dürftigen Schulbildung vom Dorf den Anschluss an seine städtischen Kollegen zu schaffen. 64 Schüler zählt die erste Klasse damals, elf davon sind bäuerlicher Herkunft. Der Wechsel vom kleinen Bauerndorf in die Stadt, von der eigenen Familie zu fremden Gastgebern und vom Bauernhof ans Gymnasium dürfte mit einigem Heimweh verbunden gewesen sein. Ähnlich wie Clara hat sich der 14-Jährige dem Ernst des Lebens zu stellen. Nicht nur kulturell, sondern auch schulisch muss

> **Der liebe Gott schickt uns viele Gelegenheiten, die Liebe zu üben.**
> *Sr. Theresia Haselmayr*

der Junge in seinen Bauernkleidern unter vornehmen Städtern kämpfen. Er legt sich ins Zeug, holt den stofflichen Rückstand auf und schließt das erste Schuljahr beeindruckend mit dem zweitbesten Zeugnis seiner Klasse ab. Auch kameradschaftlich integriert sich der gewissenhafte Student in die neue Lebenswelt.

Der sensible Bauernsohn vom Land nimmt auch in der Stadt und in seiner eigenen Schulklasse wahr, dass andere Jungen materiell ärmer gestellt sind. So steckt er, von seinen Eltern gut versorgt, seinen Pausenapfel auch mal diskret einem Kameraden zu, gibt sein Taschengeld an Bedürftige weiter und muss seiner Mutter bald auch erklären, weshalb dieses und jenes neue Wäschestück fehlt. Zu den Wochenenden wandert der Junge auf den Hof der Familie, wo er am Samstag bei Arbeiten anpackt, das bäuerliche Landleben genießt und mit den Geschwistern spielt. Die Mama ersetzt beim Waschen seiner Wäsche auch Fehlendes wieder.

Reinschlupfen, rausschlupfen. Probieren, ausprobieren: Ob es passt? Ob es für mich passt? *(Ministrantenkleidung in der Sakristei der Pfarrkirche St. Martin in Dattenhausen)*

Als der Vater ihn bei einem Marktgang in Dillingen während des Jahres besucht und beim Kartenspiel mit Freunden antrifft, nimmt er ihm die Karten weg und mahnt ihn, für die Schule zu arbeiten statt zu spielen. Als er nach dem ersten Jahr aber das glänzende Schulzeugnis in Händen hält, kauft er seinem Sohn einen städtischen Anzug und Stiefel. Ab Herbst

> **Wer Kleines mit großer Liebe tut, tut auch Großes.**
> *Johann Ev. Wagner*

1821 sieht man dem Bauernsohn im Gymnasium seine Herkunft nicht mehr an. Den weiteren Weg zum Abitur – den ersten zwei Jahren Lateinschule folgen zwei Jahre Progymnasium und zwei im Gymnasium – meistert der Lernfreudige und Hochbegabte jedes Mal mit Bestnoten. Seine Lieblingsfächer sind Latein und Griechisch, und er liebt es, in der eigenen Muttersprache Gedichte zu verfassen. Aus seinem Gedicht »Heimkehr ins Vaterhaus«, in dem sich unverkennbar der Geist der Romantik zeigt, seien hier die erste und die zwei letzten Strophen zitiert:[14]

Seid gegrüßt, ihr grünen Triften,
Seid gegrüßt mir, Quellen, Höh'n;
Wonne trink ich in den Lüften,
Die von euch her mich umweh'n.

Elternsorge war geschäftig,
Mich zu pflegen als ein Kind;
Elternliebe wirkt noch kräftig,
Dass das Glück des Jünglings grünt.

Wahrlich! Auf der ganzen Erde
Ist das Vaterhaus für mich
Stets der teur'ste Ort; er werde
Nie vergessen ewiglich.

Im Frühjahr 1823 bereitet der Stadtpfarrer die Jugend auf die kommende Firmung vor. Das Fest, zu dem der Augsburger Bischof Joseph Johann Nepomuk Freiherr zu Fraunberg anreist, dürfte den jungen Hans erstmals mit Clara Haselmayr zusammengeführt haben. In der am 9. Mai in der Stadtpfarrkirche gefeierten bischöflichen Festliturgie bekräftigten Jugendliche aus der Stadt und den Dörfern ihr Ja zum Leben aus dem christlichen Glauben. Unter den Firmlingen ist auch Claras jüngerer Bruder Friedrich Xaver. Er wird neunjährig gefirmt, wie Clara es selbst bereits Ende April 1817 erlebt hat. Wahrscheinlich sind damals Stadtkinder dank besserem Religionsunterricht früher zu diesem Sakrament gelangt als Kinder vom Dorf. Im Anschluss an den Festgottesdienst ist Hans mit seinen Eltern zum Mittagessen in das Refektorium – den klösterlichen Speisesaal – der Franziskanerinnen eingeladen, wo eine Base der Familie[15] seit vielen Jahren Schullehrerin ist. Sr. Seraphina Mayr aus Schretzheim, 1772 geboren und im Sommer 1793 ins Große Kloster eingetreten,[16] ist eine der drei verbliebenen Lehrschwestern. Mit ihr wird Clara Jahre später als junge Schwester Theresia und als Meisterin eng zusammenwirken.

Noch kann Hans beim Festessen vom Mai 1823 nicht ahnen, dass sein Lebensweg ihn mit dieser Gemeinschaft eng verbinden wird. Die Reihen im großen Refektorium sind gelichtet und an den Tischen sitzen noch zwölf Schwestern: nach eigener Schilderung an den König »größtenteils alt und gebrechlich, ja einige kaum mehr imstande …, leichteren häuslichen Arbeiten vorzustehen«.[17]

Erstes Intermezzo

Liebe Clara,

Hans und du, ihr lebt als Jugendliche in derselben kleinen Stadt, doch noch verlaufen eure Wege weitgehend getrennt. Der Bauernjunge vom Land, der es aufs Gymnasium geschafft hat, erlebt seine Jugendjahre da in einer weitgehend männlichen Welt: mit Kameraden und Lehrern, geistig gefordert und begierig studierend. Du durchläufst die Mädchenschule der Schwestern, eine rein weibliche Welt, und findest da schulisch weit mehr Qualität vor als dein Altersgenosse im dörflichen Dattenhausen. Lebt Hans in Dillingen während der Woche dann in einer Gastfamilie und genießt an den Wochenenden familiäre Geborgenheit zu Hause, hast du nach dem frühen Tod deiner Mutter mit deinen Händen in fremdem Haus zu arbeiten – als Magd und werktags wie sonntags. Die Voraussetzungen, die das Leben euch in euer Erwachsenwerden mitgibt, sind sehr unterschiedlich. Was euch verbindet, ist der Ernst einer Zeit, die vielfältige soziale Nöte kennt, das wache Gespür für Bedürftige und der Glaube, den ihr in eurer Firmung engagiert zu leben versprecht.

Die moderne Gesellschaft strebt nach größtmöglicher Chancengleichheit. Verschwunden sind die Qualitätsunterschiede in der Schulbildung zwischen Stadt und Land, ungleiche Zugänge zu höherer Bildung, zu Berufen und selbst zu politischen und wirtschaftlichen Führungspositionen für Frauen und Männer. Leider hinkt die katholische Kirche in unseren Breitengraden der vollen Gleichberechtigung noch ärgerlich hinterher. Und doch fordert uns euer sensibler Blick auf, auch unsere heutige Gesellschaft wach anzuschauen. Die Formen ungleicher Chancen sind in den reichen Ländern der Welt und im Herzen Europas scheinbar weniger als damals. Doch Beratungsstellen nennen beunruhigende Formen und Zahlen neuer Armut, die sich breitmacht, oft verborgen und leicht zu übersehen: vereinsamte Betagte verwahrlosen, ohne dass Nachbarn es bemerken; Working Poor kommen trotz harter Arbeit auf keinen grünen Zweig; Alleinerziehende mit Kindern, rettungslos Verschuldete oder Langzeitarbeitslose erfahren, dass ihr eigenes Leben und das ihrer Liebsten abhängig wird von Sozialämtern, die auch über ihr Budget bestimmen. Subtile und offene Formen von Fremdenfeindlichkeit halten Menschen mit Migrationshintergrund auf Distanz und zwingen sie gesellschaftlich und oft auch wirtschaftlich in Subkulturen. Soziologinnen sprechen in unseren Ländern von einer »Gesellschaft des Zorns« und von Wutbürgern, die populistische Parteien wählen und sich von Hasspolitikern mobilisieren lassen, weil in der globalisierten Welt Verlustängste um sich greifen. Der Traum von Chancengleichheit bleibt für allzu viele ein schönes Ideal und stellt uns alle vor große Herausforderungen.

Der junge Hans und du, ihr habt beide schon als Jugendliche je auf eigene Art kämpfen müssen: du um deinen Lebensunterhalt und den deiner Familie, und er um den Studienweg, der ihm die Verwirklichung seines Berufstraumes möglich machte. Eure jungen Jahre haben euch auf ein erwachsenes Leben vorbereitet, das sich nach Kräften für eine solidarische Gesellschaft einsetzt, die niemanden ausschließt, abschreibt oder fallenlässt. Ich bin gespannt, wie euer Weg weitergeht und wo sich eure Wege nicht nur kreuzen, sondern verbinden!

Schon mit Blick in eure Jugendzeit beeindruckt,
Niklaus

Mein Intermezzo

II
Berufung und Berufswahl

Während Wagners junges »Johannesle«[18] als Gymnasiast mit Bestnoten seiner Hochschulreife entgegengeht, muss Clara Haselmayr als Dienstmagd andere Wege finden, um ihren Lebenstraum zu verwirklichen. Mit solidem Rückhalt in einer gutgestellten Bauernfamilie kann er Universitätsluft schnuppern. Als Frau und mittelloser Halbwaise ist ihr ein individueller Weg in der damaligen Gesellschaft verbaut. Um Schwester zu sein, muss sie den Lehrerinnenberuf erlernen, oder: Um Lehrerin werden zu können, muss sie Schwester sein!

1. Claras Weg ins Kloster

Die junge Haselmayr ist 19-jährig, als das königliche Restaurationsedikt es den Dillinger Franziskanerinnen im April 1827 erlaubt, wieder Kandidatinnen in ihr Großes Kloster aufzunehmen. Die Gemeinschaft ist zusammengeschrumpft auf die drei Lehrerinnen, welche Clara in der Mädchenschule erlebt hat, sowie eine betagte Chorfrau und zwei Laienschwestern. Zu sechst leben sie arm im Kloster, das seit 1805 Eigentum des bayerischen Staates, baulich verlottert und teilweise unbewohnbar ist. Maximilians Sohn Ludwig I., 1825 König geworden, hat die Wiedereröffnung eines Noviziats an die Bedingung geknüpft, dass die Mädchenbildung zur Hauptaufgabe der Gemeinschaft wird und dass Neueintretende die Eignung für den Lehrerinnenberuf

Nicht allen steht der Weg zur Kirche unbeschränkt offen – Frauen schon gleich gar nicht.

mitbringen müssen. Am 5. Mai 1827 teilt das Rentamt Dillingen der Meisterin mündlich mit, dass Novizinnen unter diesem Vorbehalt wieder zugelassen sind.

Nur vier Tage später klopft Clara Haselmayr mit ihrer Schulfreundin Anna Wille an die Klosterpforte mit dem Wunsch, Lehrerinnen zu werden, und mit der Bitte um Aufnahme in die Gemeinschaft. Anna ist 21, stammt aus Schretzheim und ist als Kind mit ihrem Vater nach Dillingen gezogen, wo er sich als Tagelöhner eine bessere Zukunft erhofft hat. Wie Clara fünf Jahre zuvor hat auch sie ihre Mutter verloren; seit einem Jahr ist sie Halbwaise und verdient sich ihr Brot ebenfalls als Dienstmagd. Die zwei begabten jungen Frauen suchen einen Ausweg aus einer perspektivenarmen Lebenslage – und wenden sich an ihre einstigen Lehrerinnen, deren Gemeinschaft ihrerseits vom Aussterben bedroht ist. Weitgehend mittellos, können sie keine Mitgift vorweisen: Gönner und der Stadtmagistrat, dem an der Rettung der Mädchenschule liegt, steuern die nötigen Mittel bei, um den beiden Kandidatinnen die Berufsausbildung zu ermöglichen.

Ab Juli 1827 lassen sich die beiden jungen Frauen in den Schuldienst einführen: Sie werden dazu von der Meisterin Angelina Häusler zu den »Englischen Fräulein« nach Günzburg gesandt, deren Gemeinschaft sich heute *Congregatio Iesu* nennt. In zwölf Monaten erhalten sie von den erfahrenen Schulschwestern eine methodische und fachliche Grundlegung für ihre künftige Aufgabe. Ein knappes Jahr später, Mitte Juli 1828, bestehen die beiden vor der Dillinger Schulkommission eine erste Prüfung, die sie als geeignet für den Lehrerinnenberuf erweist. Nach diesem ersten Erfolg erlaubt die königliche Regierung des Oberdonaukreises den Dillinger Franziskanerinnen, die Kandidatinnen ins Kloster aufzunehmen. Mitte Oktober 1828 erhalten sie den Aufnahmering durch die betagte Meisterin Angelina Häusler. Zehn Tage später treten sie ins Kloster ein, wo sie nur noch fünf

Läut' ich oder läut' ich nicht? Trete ich ein oder gehe ich vorbei? Suche ich drinnen oder draußen nach dem Sinn, dem Sinn meines Lebens?
(Glocke an der Pforte des Mutterhauses der Dillinger Franziskanerinnen)

Schwestern vorfinden, nachdem am 17. Januar ihre frühere Lehrerin Antonia Hintermayr gestorben ist.

Die beiden Kandidatinnen wirken vorerst als »Auscultantin-
nen« – als Hospitantinnen und Gehilfinnen – im Unterricht
der betagten Schwestern mit. Der Regierungspräsident des
Kreises, Ludwig Kraft Ernst Karl Fürst von Oettingen-Waller-
stein, verpflichtet den Stadtpfarrer und lokalen Schulinspektor
Remigius Vogel, für eine zeitgemäße weitere Ausbildung der
Kandidatinnen zu sorgen. Clara und Anna erhalten in Methodik,
Sprachlehre und anderen Fächern Nachhilfe im Lehrerseminar,
das seit 1824 in Dillingen besteht. Schritt für Schritt ebnen die
Fortschritte der beiden jungen Frauen dem Kloster den Weg zur
Wiederherstellung als eigenständige Gemeinschaft und recht-
liches Subjekt. Der Augsburger Bischof Ignaz Albert von Riegg
visitiert das Kloster am 5. Mai 1828 und erlaubt Ende Mai die
Einkleidung der beiden neuen Bewerberinnen. Zugleich wird
Regens Lorenz Benedikt Schlichting als Beichtvater des Klosters zum bischöflichen Kommissar ernannt. Das freudige Fest der
Wiederherstellung wird in der großen Stadtpfarrkirche gefeiert
und auf Wunsch des Stadtpfarrers und des Bürgermeisters auf
den 22. Juni angesetzt, einen Montag, also einen Werktag, damit
der erwartete Volksandrang in Grenzen bleibt.

Am Festtag begleiten der städtische Klerus und der Magistrat die betagten fünf Schwestern und ihre beiden Kandidatinnen
morgens unter Glockengeläut vom Kloster zur übervollen Stadtpfarrkirche. Die Feier wird von weißgekleideten Schulmädchen
mitgestaltet. Dass Hans Wagner als Philosophiestudent diesen
besonderen Gottesdienst miterlebt, ist zwar denkbar, an einem
Montag im laufenden Semester jedoch eher unwahrscheinlich.
Im Hochamt erneuern die älteren Schwestern ihre Profess und

werden die beiden Novizinnen öffentlich eingekleidet. Aus Dankbarkeit für die königliche Restauration des Klosters bekommen sie Ordensnamen zu Ehren des Königspaares: Anna heißt fortan nach dem König Sr. M. Ludovika und Clara nach der Königin Sr. M. Theresia. Während die Schwestern danach in Prozession wieder zum Kloster zurückkehren, ehren die Schulmädchen ihre jüngst verstorbene Lehrerin Sr. Antonia Hintermayr auf dem städtischen Friedhof mit Kränzen.[19]

Die Novizinnen werden sogleich schulisch eingesetzt. So sehr sich die fünf alten Schwestern darüber freuen, das Chorgebet nun wieder singen zu können, wird dies mit Blick auf das Zeitbudget und die Kräfte der Jüngsten bald behördlich verboten. Am 4. Februar 1830 verordnet der Bischof: »Damit aber die Novizinnen als Lehrerinnen desto besser für den Unterricht sich vorbereiten und für ihren wichtigen Beruf fort- und ausbilden können, wollen wir dieselben vom Chorgehen, Brevier- und Offiziumbeten, mit Ausnahme der Vesper und Komplet, vom Putzen ihrer Zelle und von der Einheizung ihres eigenen Ofens und von solcherlei Hausgeschäften und Arbeiten dispensieren«.[20] Zuvor bestehen die beiden Neulinge Mitte September 1829 die staatliche Lehramtsprüfung und erhalten Ende Oktober

> **Unser sicherer Fonds ist Gebet und Arbeit.**
> *Sr. Theresia Haselmayr*

von der Regierung die Anerkennung als Lehrerinnen. Die Ordensausbildung endet am Franziskusfest 1830 mit den Gelübden, welche die beiden Novizinnen zunächst nach staatlicher Auflage nur immer für drei Jahre ablegen können. An demselben 4. Oktober werden bereits drei neue Kandidatinnen eingekleidet: die Elementarlehrerin Creszentia Lechenmaier aus Dillingen, die sich fortan Sr. M. Josepha nennt als Zeichen des Dankes an den Klosterfreund Joseph von Weber, Generalvikar und Domdekan von Augsburg; Anna Strobl aus Passau, eine Handarbeitslehrerin, die aus Dank an den Bürgermeister Johann Nepomuk Wieser den Namen Sr. Johanna Nepomucena erhält; und Elisabeth Reisch aus Höchstädt, die als Laienschwester eintritt und nach dem Ordenspatron künftig Sr. Franziska heißt. Die Namenswahl zeigt, wie sehr sich die wiedererwachende Gemeinschaft mit ihrer Stadt, der Kirche und dem Land verbunden fühlt.

2. Johannes' Weg zur Priesterweihe

Während sich die Klostergemeinschaft der Franziskanerinnen derart hoffnungsvoll verjüngte, trat Wagners Johannes[21] im gleichen Oktober 1830 ins Dillinger Priesterseminar ein. Diesem entscheidenden Schritt auf dem Weg zur erhofften Weihe waren zwei Jahre Philosophiestudium und freieres Studentenleben vorausgegangen. Im Sommer, bevor Clara und Anna im Oktober 1828 ins Große Kloster eintraten, legte der brillante Schüler in der achten Klasse der Oberschule sein Abitur ab. Das Dillinger Gymnasium verlieh dem Klassenbesten eine silberne Medaille mit dem Konterfei von König Ludwig und der stolze Vater belohnte den Sohn für sein Glanzzeugnis mit einer kostbaren Taschenuhr. Bei einer mehrtägigen Reise durch Bayern trafen die Klassenkameraden in einem Gasthof einen Kleriker in abgenutzter Soutane an. Als dieser die jungen Burschen nach ihren Studienzielen fragte und Johannes seine Hoffnung, ebenfalls Priester zu werden, mit dem Zusatz »so es Gottes Wille sei« versah,[22] erwiderte der Fragende: »Nun, wenn Sie wollen, wird Gott schon auch wollen!«[23] Die Begegnung mit dem Unbekannten, der sich nachträglich als Regensburger Regens und späterer Weihbischof

Georg Michael Wittmann erwies, schrieb sich tief in die Seele des Studenten.[24]

Ein erstes philosophisches Studienjahr absolvierte der junge Wagner an der Hochschule Dillingen. 1551 als Universität gegründet und als solche bis 1803 bestehend, war die von Papst und Kaiser bestätigte fürstbischöfliche Hochschule die historisch erste volle Jesuiten-Universität auf deutschem Boden und diente der Ausbildung des süddeutschen Priesternachwuchses und des katholischen Adels. In der Säkularisation wurde sie aufgelöst. Der Kurfürst schuf

> **Deine Sonne steht hoch am Himmelszelt, wenn auch Wolken sie verhüllen.**
> *Johann Ev. Wagner*

hier 1804 ein Lyzeum mit Schwerpunkt auf Theologie und Philosophie.[25] In seinen zwei ersten Semestern hörte Johannes Vorlesungen in Philosophie, Geschichte, lateinischer und griechischer Philologie, höherer Mathematik und Naturwissenschaften. Nach diesem Jahr entschloss er sich im Sommer 1829, echte Universitätsluft zu schnuppern und nach München zu wechseln.

Während die beiden jungen Schwestern Theresia und Ludovika ihre ersten Klassen an der Dillinger Mädchenschule übernehmen und erstmals eigenständige Lehrerfahrungen sammeln, taucht der Bauernsohn aus Dattenhausen ins Studentenleben der großen Stadt München ein. Die Ludwig-Maximilians-Universität, erst drei Jahre zuvor aus Landshut in die Landeshauptstadt verlegt, zählt über 1000 Studenten. Ihr Doppelname erinnert an den bayerischen Herzog Ludwig IX., der die Universität 1472 ursprünglich in Ingolstadt gründete, und an König Maximilian I., der sie dann in München ansiedelte.

Dass es Johannes Wagner an diese große Bildungsinstitution zieht, hängt nicht nur mit dem Reiz eines freieren Studentenlebens in der Großstadt zusammen, sondern auch mit berühmten Professoren, die damals in München lehren. Die namhaftesten sind Friedrich Wilhelm Joseph Schelling, der hier 1827–1841 Naturphilosophie doziert und der nach Kant und vor Hegel als Hauptbegründer des Deutschen Idealismus gilt. Ebenso berühmt ist Johann Joseph Görres, der als Publizist den »Rheinischen Merkur« begründete, in Heidelberg Naturwissenschaften, Medizin und Philosophie lehrte, sich politisch für ein demokratisches Deutschland einsetzte und schließlich eine religiöse Wende durchlebte. In München, wo er Geschichte und Literaturgeschichte lehrt, entsteht sein vierbändiges Hauptwerk über »Die christliche Mystik«.[26] Der Zufall will es, dass der junge Wagner seine Studentenbude in der unbeheizten Dachkammer eines Hauses der damaligen Lerchenstraße findet, in dem Professor Görres mit seinem Sohn Guido wohnt. Mit Letzterem freundet sich Johannes an.

Die Münchner Universität bietet dem Wissbegierigen die Möglichkeit, ein breites Spektrum an Fachgebieten zu studieren: Natur- und Moralphilosophie, Philosophiegeschichte, Physik, Mathematik, Ästhetik, Naturrecht, Hermeneutik, biblische Exegese und theologische Dogmatik. Auch medizinische Vorlesungen haben es ihm angetan und Johannes sieht im Beruf des Arztes eine Alternative, falls es mit dem Priesterwerden nicht klappen sollte. Im extrem kalten Winter 1829/1830 helfen sich die Studenten, die in ihren Kammern nicht frieren oder Geld für Holz ausgeben wollen, indem sie sich jeweils abends im »Stachusgarten« vor dem Karlstor einfinden. Bei einem Bier diskutieren sie im hellen, warmen Gasthaus die Vorlesungen des Tages und verarbeiten das Gehörte in einer Art Lerngruppe. Dazu sind Johannes' Notizen speziell begehrt, weil er eine eigene Kurzschrift entwickelt, mit der er selbst im überfüllten Hörsaal von Görres –

auf der Treppe sitzend – auf dem Rücken eines Studiengefährten Vorlesungen getreulich mitschreiben kann. Nicht nur Vorlesungen und Diskussionen mit Kommilitonen begeistern den jungen Studenten: Auch die große Staatsbibliothek lockt ihn mit ihrer immensen Auswahl an Literatur.[27]

Nach dem philosophischen Studienjahr an der Universität München entscheidet sich Johannes, alles auf die Karte Priesteramt zu setzen. Dafür kehrt er aus dem bewegten Leben der Großstadt in das beschauliche Dillingen zurück, wo er als künftiger Seelsorger sich im Priesterseminar ins geistliche Leben einübt. Die fünf Semester theologischer Vorlesungen besucht er im nahen Lyzeum. Regens Lorenz Benedikt Schlichting, der Leiter des Konvikts, dem wir schon bei der Einkleidung der Schwestern begegnet sind, ist beeindruckt von Johannes' glanzvollen Zeugnissen und von seiner Aufnahmeprüfung. Erneut findet ein Kleiderwechsel statt: Johannes schenkt seine farbigen Wollpullover den Geschwistern und kleidet sich neu in Schwarz. Das bischöfliche Schreiben vermittelt einen Vorgeschmack vom strengen Leben, das den Kandidaten im »Diöcesan Clerical-Seminar« erwartet: »als Theologe des I. Jahres« hat er »in das Seminar einzutreten« und den »bestehenden Seminar-Gesetzen unweigerlich nachzukommen«. Ab sofort hat er sich »im öffentlichen wie im Privatleben in clerikalischer Kleidung zu zeigen«, bei Ankunft 44 Gulden als Kostgeld zu entrichten sowie folgende »Requisiten« mitzubringen: »ein verschlossenes Attest über das sittliche Betragen während der Ferien, ausgestellt von demjenigen Pfarrer oder Geistlichen, wo der größte Teil der Ferien zugebracht wurde; ein schwarzer Talar und Mantel … Bestecke mit Servietten und Handtücher; ein Bett«. An Büchern hat er zu besorgen: die lateinische Bibel (Vulgata), die Dekrete des Trienter Reformkonzils,

Hierhin oder dorthin? Zurück oder weiter?
Vertraute Wege oder neue Wege? Dattenhausen oder Dillingen?

das römische Brevier und die »Nachfolge Christi« des Thomas
von Kempen.[28] Das Studienjahr beginnt am 1. November 1830.

Theologisch und spirituell wirkt im Seminar noch immer der
Geist von Johann Michael Sailer nach. Der eben erst 1829 zum
Bischof von Regensburg geweihte Reformer hat 1784–1794 an
der damals noch bestehenden Universität Dillingen katholische
Moral- und Pastoraltheologe gelehrt. Er vertritt ein Christsein,
das auf Innerlichkeit setzt, und hat dazu auch die »Nachfolge
Christi« des Thomas von Kempen neu übersetzt und herausge-
geben. Ludwig van Beethoven komponierte 1820 seine »Missa
solemnis« im Austausch mit Sailer, und der bayerische König
Ludwig ist als Prinz an der Universität Landshut einer seiner
Schüler gewesen.

Das sechste Semester der Theologie, das der Einführung in die
Seelsorgearbeit gilt, erlebt Johannes im Seminar selbst. In diese
Schlussphase des Studiums fallen auch die ersten Weihen: Am

25. März 1832 spendet Bischof Ignaz Albert von Riegg in der Dillinger Studienkirche die Weihe zum Akolythen. Im folgenden Jahr erhalten die Priesteranwärter am 9. Mai in Dillingen die Weihe zum Subdiakon und zwei Tage später, am Samstag, dem 11. Mai, jene zum Diakon. Drei Wochen danach folgt am Freitag, dem 31. Mai 1833, im Dom zu Augsburg die Priesterweihe, die Johannes zusammen mit 68 weiteren Kandidaten empfängt. Den krönenden Höhepunkt seines Weges zum Priesteramt setzt am 16. Juni die Primiz, die erste selbstgeleitete Eucharistiefeier, in seinem Heimatdorf Dattenhausen. Weil die Dorfkirche viel zu klein ist, erlaubt die Bistumsleitung dem Neupriester, den Festgottesdienst auf einem Tragaltar mit seiner Familie und der ganzen Gemeinde auf der geschmückten Wiese des elterlichen Egauhofes zu feiern.

3. Die Lehrerin und der Kaplan

Die drei Jahre bis zur Priesterweihe haben die junge Sr. Theresia als Erstprofessin und Johannes als Seminarist beide in Dillingen verbracht, ohne jedoch miteinander in Kontakt zu treten. Im neu zugelassenen Kloster unterrichteten die jungen Lehrerinnen ihre Mädchenklassen, und die geistliche Aufsicht suchte eine Klausurordnung durchzusetzen, die zwar nicht jener geschlossener Klöster glich, die gleichwohl unnötige Kontakte zur Außenwelt zu vermeiden lehrte. Auch die Priesteramtskandidaten lebten in einer klosterähnlichen Ordnung unter wacher Aufsicht und behütet im Seminar. Ihre hauptsächlichen Wege durch die Stadt führten ins Lyzeum, in die Stadtpfarrkirche oder in die Studienkirche, nicht ins Frauenkloster.

Als die jungen Lehrerinnen Sr. Theresia und Sr. Ludovika nun im Herbst 1833 ihre Gelübde nach drei Jahren erstmals erneuern, findet sich der ebenfalls in sein Berufsleben entlassene Neupriester Johannes Wagner nicht mehr in der Stadt seiner Studien. Der bischöfliche Generalvikar in Augsburg würde ihn gern als Erzieher in der Grafenfamilie der Fugger in Glött einsetzen. Der Regens jedoch, der seinen Zögling bestens kennt und schätzt, setzt sich dafür ein, dass Johannes zunächst Erfahrungen in der Volksseelsorge sammeln kann. Zwei Tage nach der Primizfeier erhält er das bischöfliche Dekret, das ihn als Kaplan in die Pfarrei Wittislingen schickt. Keine sechs Kilometer südlich des heimatlichen Dattenhausen an der Egau und am Weg nach Dillingen gelegen, ist ihm das Dorf mit knapp 1200 Seelen bestens vertraut. Als Herkunftsort der Mutter des heiligen Ulrich zieht Wittislingen auch Wallfahrer und Pilgerinnen an. Die Familie Wagner hat hier öfter vor dem Ulrichsaltar gebetet, was zur Folge hatte, dass Johannes auch in Dillingens Stadtpfarrkirche mit Vorliebe vor dem Kreuz und am Ulrichsaltar

> Wer Gott im Herzen trägt, der hat nicht weit zu Ihm.
> *Johann Ev. Wagner*

verweilte. Der heilige Bischof von Augsburg sollte ihm helfen, ein würdiger und tatenfreudiger Priester zu werden. Nun beginnt er sein priesterliches Wirken sinnigerweise in dem Dorf, das als wahrscheinlicher Geburtsort des Befreiers von den Ungarn gilt!

»Ideale sind wie Sterne am Himmel, und die Realität lebt sich auf Erden«. Johannes wird in Wittislingen vom 62-jährigen Pfarrer Franz Christian Kummer in die dörfliche Seelsorgearbeit eingeführt. Der Lehrmeister ist leidenschaftlicher Jäger. Er animiert den Jungpriester, in dem noch immer ein Naturbursche steckt, sich eine Flinte zu beschaffen und mit auf die Jagd zu kommen. Als die Jagdfreude immer mehr zur Leidenschaft wird, stellt

Ich finde meinen Weg ... Damals wie heute: suchend, fragend, riskierend, scheiternd, von Neuem beginnend, immer wieder neu.

Johannes das Gewehr nach einigen Wochen in den Schrank, weil das Hobby zu viel Zeit einnimmt und weil er Freiräume lieber für Spirituelleres nutzen will. Die Flinte behält er zur heiteren Erinnerung; später wird er verschmitzt bemerken, dass er in jungen Jahren Hasen gejagt habe und nun Böcke schieße.

Die Seelsorgearbeit begeistert den Jungpriester und bereitet auch der Gemeinde Freude. Der bescheidene, liebenswürdige und tief religiöse Kaplan erreicht alle Generationen, gestaltet innige Gottesdienste, predigt handfest und praxisbezogen. Während die Lehrschwestern im Dillinger Kloster unentgeltlich unterrichten und finanziell noch immer von Sorgen geplagt werden, verdient der junge Kaplan seine ersten Gulden. Gewissenhaft legt er sich ein »Ökonomisches Handbuch« ➤ 01 an, in dem er bis 1854 alle seine Einnahmen und Ausgaben verzeichnet. Die Einträge zeugen vom bedürfnislosen Lebensstil des Neupriesters und von seinem Herzen für hilfsbedürftige Menschen. An Ausgaben sind im ersten Jahr Kosten für Wohnen, Essen, Trinkgeld für die Köchin, Lampenöl, Schuhwichse, Schuster, Buchbinder und Bücher sowie für Ministranten vermerkt. Dass vom Gehalt und von den Einnahmen bei Taufen, Beerdigungen, Haussegnungen sowie Spenden von Wohltätern am Monatsende nichts übrig blieb, hat wohl – wie Gertraud Feihl vermutet – bei Besuchen auf dem Hof der Familie zu Disputen mit seinem Vater geführt.[29] Der junge Wagner ist sich treu geblieben und wird es sein Leben lang bleiben: Wie schon zu seinen Gymnasialzeiten ist sein Geldbeutel am Ende des Monats leer, weil er alle seine Mittel einsetzt, um Nöten anderer abzuhelfen.

Fünf Monate nach Antritt seiner ersten Kaplansstelle wird Johannes Wagner von der Bistumsleitung bereits wieder versetzt. So glücklich er sich in der ländlichen Nachbarpfarrei seiner Heimatgemeinde Ziertheim-Dattenhausen fühlt und so leicht ihm die Seelsorgearbeit im vertrauten bäuerlichen Milieu fällt, so schwer erscheint ihm im November 1833 der überraschend frühe Wechsel in die große Stadtpfarrei St. Moritz in der Bischofsstadt Augsburg. Der Schwester Theresia, die eben ihre Gelübde erstmals erneuert hat und die 1. Klasse der Werktagsschule sowie die 2. Klasse der Feiertagsschule unterrichtet, sind dagegen drei weitere Jahre im vertrauten Schuldienst vergönnt.

Zweites Intermezzo

Lieber Johannes,

dein Weg und der von Sr. Theresia verlaufen bisher kontaktlos nebeneinander. Sie lebt, vom Ausbildungsjahr in Günzburg abgesehen, immer in Dillingen. Du bist vom Land gekommen und hast viele Jahre in der Stadt studiert, noch ohne Kontakt zur Mädchenschule der Franziskanerinnen, an der deine spätere Verbündete zur Schule ging und nun als junge Schwester lehrt. Ihr musstet beide kämpfen, um der eigenen Berufung folgen zu können. Dein Ringen war jedoch leichter als das Ihre: Du musstest deinen Vater gewinnen und dir am Gymnasium dann mit dürftiger Vorbildung eine tragfähige Basis erarbeiten, um als Student das Abitur erreichen und an der Universität studieren zu können. Die junge Clara hat sich von einer Dienstmagd zur Lehrerin entwickelt. Weit mehr als du war sie auch von behördlichen Entscheiden abhängig: königliche und kirchliche Amtsstellen prüften ihre Eignung für den Schuldienst, entschieden über die Wiedereröffnung des Klosters, erlaubten nach viel Hin und Her das Noviziat, schickten die Jüngsten in weitere Ausbildungen und bestimmten die Gestaltung des Klosterlebens mit. Gewiss war auch auf deinem Weg vieles verordnet: die Studienprogramme in Dillingen und in München, die strenge Seminarordnung, die Abfolge der Weihen und dann die zwei Kaplansstellen. Deine Wahlfreiheit zeigt sich dennoch größer, und bunter sind auch die Lebenswelten, die dein junges Leben bereits erkundet hat: auf dem bäuerlichen Hof und im Heimatdorf, im städtischen Gymnasium, als Student in der Großstadt München, im Konvikt mit Priesteramtskandidaten, als Kaplan auf dem Land und nun auch in der Bischofsstadt Augsburg!

Vieles in deinem Werdegang erinnert mich an mein eigenes Leben: Auch ich stamme aus einem kleinen Bauerndorf, durfte trotz beschränkter Mittel der Familie aufs Gymnasium, zog dafür von zu Hause weg, genoss nach dem Abitur zwei Jahre Studentenleben in einer Universitätsstadt und kehrte ihr dann den Rücken. Ähnlich wie du studierte ich ein breites Spektrum an Fächern und erkannte eines Tages, dass die interessantesten Lehrer den Meister aus Nazaret nicht ersetzen, der mehr als Wissen vermittelt: Weisheit, Lebenskunst und tiefere Quellen. Du hast im Priesterseminar mehr Innerlichkeit und Spiritualität gefunden, ich im Kapuzinerorden. Du hast dich von der Bibel und von Thomas von Kempen leiten lassen, ich mich von der Bibel und von Franz von Assisi. Was Thomas als »Nachfolge Christi« beschreibt, nennt Franz »den Fußspuren Jesu folgen«. Während Thomas einen gewissen Weltpessimismus vertritt, steht Franz für Weltliebe und Schöpfungsspiritualität. Kein Wunder, dass du als Naturbursche und bei deiner Menschenliebe dich im Zusammenwirken mit den Franziskanerinnen im Lauf deines Lebens immer franziskanischer orientiert hast!

Wo sich deine Erfahrung ebenfalls mit meiner trifft: Es gibt in deinem jungen Leben Lieblingsorte der inneren Sammlung und der Gotteserfahrung: die Natur, Ulrichsaltäre in Land- und Stadtkirchen, das Hören auf die Heilige Schrift, wache Begegnungen mit Menschen, mit Freunden, die dir ein Leben lang verbunden sind, die eigene Zelle und das gemeinsame Feiern. Ich erlebe ähnliche Kraftorte, die mir Tiefe und Weite in den Alltag bringen. Wie bei dir gibt es in meinem Leben menschliche Weggefährten und himmlische Freunde. Was dir Ulrich von Augsburg war, sind mir Bruder Klaus von Flüe und Franz von Assisi. Und wie in deiner Erfahrung zeigt auch mir das Vaterunser seine Kraft und seinen Ernst: Wem immer Gott Vater ist, der und die sind mir Geschwister. Niemand, der achtlos an Menschen vorbeigeht, findet Gott wirklich. Dieser Glaube ist es, der dich schon in jungen Jahren beherzt teilen lässt: materielle Mittel, aber auch Zeit, Erfahrungen und Aufmerksamkeit. Dein geschwisterliches Menschenbild, das niemanden ausschließt und das dein alltägliches Verhalten leitet, es spornt mich an!

Brüderlich verbunden,
Niklaus

Mein Intermezzo

III
In jungen Jahren Meisterin und Präfekt

Noch ahnen die Lehrerin Theresia Haselmayr und der Jung-kaplan Johannes Wagner im Herbst 1833 nichts von der Kar-riere, die schon in den nächsten drei Jahren je unterschiedlich auf sie wartet. Die junge Schwester lernt allerdings bereits, mit einer Dreifachbelastung umzugehen. Sie muss in einem ausgefüllten Alltag das Leben als Klosterfrau und das Mittragen der gemein-samen Zeiten, die Arbeit als Klassenlehrerin und die Unter-richtsvertretung für die kranke Handarbeitslehrerin Sr. Sophie Häusler unter einen Hut bringen. Vor Ablauf der eben erneuer-ten dreijährigen Versprechen wird ihr Leben noch weit komple-xer werden: Sie wird mit neuen Aufgaben konfrontiert, die ihr zunächst wie ein steiler Berg erscheinen müssen. Auch für den jungen Priester hält das Leben Unerwartetes bereit.

1. Kaplan in Augsburg

Johannes Wagner, der in der ländlichen Seelsorge glücklich ist und sich gut in die vielfältigen Felder von Religionsunterricht, Predigtdienst, Taufen, Krankenbesuchen, Beichtpastoral, Got-tesdienstfeier und Trauerbegleitung eingearbeitet hat, wird ein erstes Mal bereits kurz nach Allerheiligen 1833 überrascht: Nach gerade fünf Monaten in Wittislingen beruft ihn ein bischöfliches Schreiben auf eine neue Kaplansstelle, und zwar in der Augs-burger Moritzpfarrei. Dass der Schock darüber sowohl beim Jungpriester wie in der vertraut gewordenen Gemeinde tief sitzt, spricht aus dem Gesuch ➤ 02, das der Kaplan am 19. November mit der innigen Bitte »um gnädigste Belassung« auf seiner bisherigen Stelle an die Bistumsleitung schreibt. Es nennt drei Gründe gegen die frühe Versetzung: Er könne »die Stelle eines Stadtcaplans weder physisch noch moralisch genügend ausfül-

> Einen Stein, den du nicht heben kannst, lass liegen und steige über ihn hinweg.
>
> *Johann Ev. Wagner*

len«, brauche Zeit für die Weiterbildung »nach kaum beendigtem Studiencursus« – die Pfarramtsprüfung steht noch aus! – und er sei mit seinem Lehrmeister, dem »in jeder Hinsicht vortrefflichen Herrn Pfarrer, Franz von Paula Kummer, ... ganz glücklich«.[30] Der Generalvikar entspricht dem Gesuch nicht. So nimmt der beliebte Kaplan am Montag, dem 25. November, schweren Herzens Abschied von seiner ersten Gemeinde und lässt sich mit seiner Habe in einem Fuhrwerk nach Augsburg bringen. Dort erwartet ihn eine Stadtgemeinde von rund 3000 Mitgliedern, Bürgerinnen, Beamten, Kaufleuten und einfachen Arbeitern. Ihr steht seit kurzem der 50-jährige Pfarrer Alois Thoma vor, den bereits zwei junge Kapläne, der 27-jährige Karl Hörger und der zwei Jahre zuvor geweihte 33-jährige Josef Laure, tatkräftig unterstützen. Da der Pfarrer erkrankt ist und im folgenden Jahr stirbt, sind die drei Jungpriester unerwartet gefordert. Johannes sammelt in der großstädtischen Seelsorge wertvolle Erfahrungen, ist jedoch nicht unglücklich, als der Präfekt des Dillinger Priesterseminars drei Jahre später in eine Pfarrei wechselt und Regens Schlichting seinen einstigen Lieblingsschüler Johannes an dessen Stelle wünscht. Die Versetzung wird vom Domkapitel am 8. September 1836 bewilligt und der neue Präfekt dankt dem Regens voller Freude, dass er ihm als väterlicher Freund die Rückkehr nach Dillingen ermöglicht und da ins Team der Priesterausbildner aufnimmt.

Voll Leben, entgegenkommend, offen, zugewandt, sein Gegenüber wach
und freundlich im Blick – mehr als ein Kunstwerk: Christus Salvator von
Georg Petel aus dem Jahr 1634 in der Augsburger Moritzkirche.

2. Wahlen im Franziskanerinnenkloster

Neun Monate zuvor hat im Großen Kloster der Franziskanerinnen die Neuwahl einer Meisterin stattgefunden. Sr. Angelina
Häusler, eine der drei alten Lehrerinnen, hatte das aufgehobene
Kloster seit 1824 geleitet und für dessen Wiederherstellung gekämpft. Unter ihrer Führung haben sich neue Novizinnen in
den Schuldienst eingearbeitet. Insgesamt fünf Lehrerinnen unterrichteten dabei jährlich bis zu 160 Mädchen in drei Klassen.
Wegen der bescheidenen Entlohnung der Lehrerinnen und der
Baufälligkeit des Klosters musste die Meisterin auch wirtschaftlich einen Überlebenskampf führen. Während die Stadt die in
der Restauration zugesprochenen 600 Gulden jährlich zahlte,
überwies die Regierung von ihren zugesagten 1600 Gulden nur
ein Viertel. Noch 1832 schrieb Sr. Angelina am Rande des Ruins
an den König persönlich ➤ 03, dass die Lehrschwestern »in
der nächst besten honetten Familie« als Dienstmägde mehr ver-

Qual der Wahl: wählen und gewählt werden.

dienen würden als in ihrem aktuellen Schuldienst.[31] Die Handarbeitslehrerin Sr. Sophie Häusler erkrankte unter der Belastung,
worauf vier Lehrerinnen auch deren Pensum unter sich aufteilten.
Im Mai 1834 sandte die mittlerweile 68-jährige Meisterin einen
weiteren Hilferuf an die königliche Regierung, in dem sie die
prekäre finanzielle Lage des Klosters und der
Schule darlegte. Am 13. November 1835 starb
die Kämpferin, die ein halbes Jahrhundert im
Großen Kloster gelebt hatte, mit der tröstli-
chen Tatsache vor Augen, dass in ihrer Amtszeit nach langem Novizinnenverbot wieder

> **Je ärmer wir anfan-
> gen, desto fester und
> sicherer wird das
> Kloster gegründet.**
> *Sr. Theresia Haselmayr*

acht junge Schwestern in die Gemeinschaft eingetreten waren.
Die verbliebene Veteranin Sr. Seraphina Mayr, Oberlehrerin und
Verwandte von Johannes Wagner, übernahm das Amt der Novi-
zenmeisterin und leitete die Gemeinschaft stellvertretend.

Wie unfrei sich der Frauenkonvent unter strenger kirchlicher
und staatlicher Kontrolle bewegen konnte, zeigt der langwie-
rige Weg bis zur Einsetzung einer neuen Meisterin. Sowohl die
Bistumsleitung als auch die königliche Regierung des Oberdonaukreises sowie das Dillinger Landgericht mischten mit und
verzögerten die Neuwahl. Nachdem in einem mühsamen Hin
und Her die Zuständigkeit, Wahlordnung und Ernennung des
Wahlleiters geklärt waren, erfuhren die Schwestern am Morgen
des 28. Januar 1836 vom Landrichter, dass am selben Tag nach
dem Mittagessen um 14.00 Uhr »die Wahl der Frau Oberin vor-
genommen« werden soll. Sr. Seraphina solle »die übrigen Frauen
davon in Kenntnis setzen mit der Bemerkung, dass die Laienschwestern zur Wahl nicht zugelassen werden«.[32]

Seit fünf Jahren übt sich die Gemeinschaft in gemeinsamer
Spurensuche in die Zukunft. Nach ihren Ordenssatzungen wären

nur die zwei alten Schwestern kapitelsfähig und damit berechtigt, in der Konventversammlung alle bedeutsamen Entscheidungen zu treffen. Der Bischof erlaubt jedoch angesichts der erfreulichen Verjüngung, dass auch die Jungprofessinnen am Kapitel teilnehmen. Sr. Theresia Haselmayr erlebt die erste dieser Konventversammlungen am 6. Mai 1831 und kann fortan Erfahrungen im gemeinsamen Steuern des Schiffes sammeln. Knappe fünf Jahre später trifft sich das schwesterliche Kapitel unter Aufsicht von Seminar-Regens Schlichting zur Wahl der neuen Meisterin. Den Ausschluss der Laienschwestern begründet der vorsitzende bischöfliche Kommissar damit, dass diese »nur als Dienerinnen oder Schülerinnen zu betrachten sind, mit Ausnahme der Schwester Agatha, welche schon bei früheren Wahlen gestimmt hat«. Das Wahlprotokoll verzeichnet nach Stand, Eintrittsjahr und Alter geordnet alle Wählenden und ihre Stimmabgabe:

Wählende	*wählt (Namen laut Protokoll)*
M. Seraphina Mair	M. Theresia Haselmair
M. Ludovika Wille	M. Theresia Haselmair
M. Theresia Haselmair	M. Seraphina Mair
Sophia Häusler	M. Seraphina Mair
Josepha Lechenmair	M. Theresia Haselmair
Nepomucena Strobel	M. Theresia Haselmair
Schwester Agatha Burger	M. Seraphina Mair

Das Resultat der von den Behörden lange hinausgezögerten und dann überstürzt angesetzten Wahl überrascht. Für die Veteranin, Oberlehrerin und Novizenmeisterin stimmen Sr. Theresia, die seit zwei Jahren kranke Handarbeitslehrerin Sr. Sophie und die 82-jährige Laienschwester Agatha Burger, die seit 50 Jahren im

Kloster lebt. Die anderen Schwestern, einschließlich Sr. Seraphina, setzen einhellig auf eine Schwester, die noch ohne ewige Profess und erst seit sieben Jahren im Kloster ist: Der Generationenwechsel und der Aufbruch in eine neue Zukunft sind unverkennbar. Der Dillinger Landrichter Thaddäus Hack kommentiert das Wahlprotokoll in seinem Schreiben an die Regierung in Augsburg: »Die zur Oberin gewählte M. Theresia Haselmayr ist zu Dillingen gebürtig, 28 Jahre alt und zur Zeit Lehrerin an der ersten Klasse der Mädchenschule in Dillingen. Sie ist als Lehrerin geschickt und fleißig und scheint fromm und eines sanften Charakters zu sein, ohne jedoch viel Selbständigkeit zu haben. Bei der geringen Anzahl der Klosterindividuen und da doch die Schule immer die Hauptsache ist, dürfte diese Wahl zur höchsten Bestätigung zu empfehlen sein«. Die Kammer des Innern der königlichen Kreisregierung bestätigt die Wahl der neuen Meisterin am 4. April für drei Jahre; die Bestätigung wird dem versammelten Konvent drei Wochen später durch den Landrichter, den Regens und den Stadtpfarrer als Schulinspektor persönlich mitgeteilt.

Die neugewählte junge Meisterin zeigt – den Landrichter eines Besseren belehrend – von Anfang an Profil. In der ersten Konventversammlung erklärt sie weitere drei Jungprofessinnen für kapitelberechtigt, bestätigt Sr. Seraphina als Novizenmeisterin und legt mit den Schwestern die künftige Tagesordnung gemeinsam fest. Auf ihrem zweiten Konventkapitel lässt sie den Rangunterschied ⟶ 04 zwischen den gebildeten Lehr- und Chorschwestern und den Laienschwestern auch bezüglich des aktiven Wahlrechts aufheben, was die männlichen Aufsichtsbehörden jedoch umgehend ablehnen. Sr. Theresia leitet die Gemeinschaft in achtsamer Abstimmung mit all ihren Mitschwestern, die sie denn auch alle drei Jahre im Amt bestätigen. Sie wird bis zu ihrem Tod 13-mal wiedergewählt.

Die Anfangsjahre bleiben personell und wirtschaftlich angespannt. Das Kloster ist weiterhin Staatseigentum und der zuständige Baurat in München schreckt vor Investitionen zurück. Als der neue Bischof Peter von Richarz die Stadt und das Kloster 1837 besucht, schickt er den Schwestern danach 14½ Pfund Kaffee und elf Pfund Zucker zur Erinnerung, dass das Süße und das Bittere im Leben gut gemischt genießbar werden. Der Oberhirte wiederholt die Geste immer wieder in seiner Amtszeit, die bis 1855 dauert. Sr. Theresia schreitet mit ihrem Konvent jedoch auch zielstrebig zur Selbsthilfe. Als zwei Kandidatinnen ein größeres Vermögen mitbringen, bauen die Schwestern wieder eine Landwirtschaft auf, wie sie bis zur Säkularisation üblich war. Ein Krautgarten macht den Anfang, Schweine kommen hinzu, und der Zukauf von Land ermöglicht Kuhhaltung und den Anbau von Kartoffeln. Im Frühling 1838 kommt ein Gartenhaus dazu und ein Jahr später Bienenstöcke. Zugleich können die Schwestern mit jungen Kräften auch wieder Klosterprodukte wie Salben, Öle, Lebkuchen und Krapfen feilbieten.[33]

3. Präfekt im Priesterseminar Dillingen

Während sich Sr. Theresia im Kloster in ihre verantwortungsvolle Leitungsaufgabe einarbeitet, betritt auch Johannes Wagner als Ausbilder künftiger Priester Neuland. Mit dem langjährigen Regens Lorenz Benedikt Schlichting, der das Seminar seit zwölf Jahren leitet, und dem 33-jährigen Subregens Johann Michael Ritz bildet er ein harmonisches Team. Als Präfekt sorgt er für

Was studierst du? Wissen, gesammelt in Büchern? Weisheit,
gesammelt im Leben eines Menschen? Wen studierst du?
(Bibliothek im Augsburger Priesterseminar)

das leibliche und geistliche Wohl der Seminaristen, unterstützt
sie im Studium, gestaltet spirituelle Impulse, hält Wache am Bett
von kranken Studenten und sorgt mit Wanderungen für eine gesunde Abwechslung zum Studienalltag. Beispielhaft für solche
Tagesausflüge steht ein gemeinsamer Fußmarsch ins ehemalige
Kloster Neresheim, den er zusammen mit dem Subregens öfters

anbietet. Am 21. Mai 1839 etwa wandern sie nachts um 3.00 Uhr los, legen die knapp 30 Kilometer zu Fuß zurück, feiern am Vormittag noch nüchternen Magens in der Klosterkirche die Messe, speisen im nahen Gasthaus und treffen abends um 19.30 Uhr wieder in Dillingen ein. Lange Wanderungen bei Tag und bei Nacht werden uns auch in der Sorge für die Schwestern begegnen. Doch davon später. Im Seminar lebt Johannes in der vitalen Lebensgemeinschaft mit jungen Studierenden und bekommt vom Bistum dafür »freie Verpflegung – Tisch, Trunk, Wohnung, Beheizung, Licht, Wasser« und 450 Gulden Lohn.[34] Für einen Gulden erhält man damals rund vier Kilogramm Rindfleisch.[35]

Über sein Wirken im Priesterseminar hinaus nimmt der beliebte junge Präfekt auch praktische Seelsorgedienste in der Stadt und auf dem Land wahr. Die Kapuziner lassen ihn in ihrer örtlichen Klosterkirche predigen. Pfarrer laden ihn in umliegende Pfarreien ein, um an Festen und Feiertagen auf die Kanzel zu steigen. Wenn ein Pfarrer auf dem Land erkrankt, springt der Präfekt auch kurzfristig ein und übernimmt die Sonntagsgottesdienste und die nachmittägliche Christenlehre. Auch für Beichtaushilfen ist er begehrt. Dabei kommt Johannes auch in

Auch ungeschliffene Edelsteine sind nicht zu verachten.

Johann Ev. Wagner

seine erste Wirkstätte Wittislingen zurück, wie dies für das erste Juliwochenende 1840 bezeugt ist. Im Gymnasium übernimmt er aushilfsweise Religionsstunden und gestaltet sonntags regelmäßig und unentgeltlich für die jungen Studenten der Lateinschule ansprechende Katechese-Stunden. Mit den angehenden Priestern hospitiert er in der kleinen Taubstummenschule ⟶ 05, die dem Lehrerseminar angegliedert ist, damit sie künftig in der Seelsorge benachteiligte Kinder nicht übersehen. Zugleich bereitet er selbst sich auf die staatliche Pfarramtsprüfung vor, die er im Juli 1837 mit Bravour besteht: Die königliche Regierung gratuliert ihm Monate später dazu, dass er von 108 Kandidaten den ersten Platz belegt hat. Sechs Jahre wirkt der von den Theologiestudierenden geliebte Präfekt als Ausbildner, bis ihn die ernsthafte Erkrankung eines Professors erneut in Neuland führt.

4. Erste Aufbrüche im Großen Kloster

Sr. Theresia übernimmt die Leitung einer Gemeinschaft, die zehn Professschwestern zählt, von denen sieben noch ohne ewige Gelübde sind. Sie selbst wird diese fünf Jahre nach der Wahl ablegen können. Der Konvent zeigt schon bald auch sozial Innovationsfreude und richtet im Apothekerstübchen nahe der Pforte im November 1837 eine Kinderkrippe ein. Arbeitende Mütter bringen ihre Sprösslinge tagsüber ins Kloster. Der Stadtrat unterstützt die Initiative dankbar und stellt das Holz für die Beheizung des Raumes zur Verfügung.[36] Die Nachfrage ist groß und bald wird der Raum zu eng. Die Kleinkinderbetreuung wird ein neues Tätigkeitsfeld, welches das Kloster bald auch auf Filialen anderswo ausweitet. Die mutige und innovative Art, als Schwesterngemeinschaft auf Nöte der Zeit zu antworten, markiert ihre Wandlung von einem lokalen Kloster zu einer Kongregation.

> *Wer die Gegenwart gewinnt, hat auch die Zukunft nicht zu fürchten.*
> Johann Ev. Wagner

Weitere Entscheidungen kennzeichnen die schrittweise Öffnung der Gemeinschaft. 1838 richtet das Kloster Räume für ein Pensionat ein: Bereits seit zwei Jahren leben fünf Schülerinnen im Haus. Nun erlaubt die schwäbische Regierung das Einrichten eines Schlafsaals und einer großen Studierstube. In Kürze sind es 17 Mädchen, die intern wohnen können und zusätzlichen Privatunterricht in Französisch, Englisch, Musik und Religionskunde erhalten. Johannes Wagner engagiert sich als Beichtvater und Religionslehrer im neu eröffneten Pensionat. Er begeistert die Mädchen mit seiner lebenspraktischen Katechese. Immer wieder werden junge Frauen aus dem Internat sich zum Eintritt ins Kloster entscheiden. Der Religionslehrer unterstützt solche Berufungen, indem er sich jeden Freitagabend Zeit für Eintrittswillige nimmt, ihnen Impulse für ein lebendiges Gebetsleben gibt, spirituellen Lesestoff vermittelt und aus der eigenen Tasche diskret auch materiellen Nöten begegnet.

Die Bereitschaft der Schwestern, sich auf größere neue Herausforderungen einzulassen, zeigt sich im Frühling 1837 in der Dillinger Krankenhausfrage. Stadtpfarrer und Schulinspektor Remigius Vogel hofft, das unzulängliche alte Krankenhaus durch ein neues ablösen zu können. Nachdem die Berufung von Vinzentinerinnen gescheitert ist, wendet er sich im April an Sr. Theresia und sucht ihre Schwestern für die Übernahme der Krankenpflege zu gewinnen. Die Meisterin bespricht mit Regens Schlichting »zuerst das Schöne, Gute und Wohltätige dieses Werkes« und dann »auch die Hindernisse«. Am 7. Mai befasst sich das ganze Kapitel des Großen Klosters mit der Frage. Nach eingehender Information über »das Angenehme und das Unangenehme dieses Berufes« ist jede Schwester eingeladen, ihre Meinung schriftlich einzureichen. Die Meisterin erklärt ihnen und Regens Schlichtung, sie wolle »aus der Mehrzahl der Stimmen den Willen Gottes erkennen«. Auch die Novizinnen können mit halber Stimme mitbestimmen! Einzig die betagte Novizenmeisterin Sr. Seraphina spricht sich klar gegen dieses Abenteuer aus; alle elf anderen Schwestern äußern ein beherztes Ja oder sagen doch vorsichtige Unterstützung zu. Am 12. Mai teilt die Meisterin nach Rücksprache mit dem Regens dem Stadtpfarrer mit, »dass wir die Krankenpflege im Vertrauen auf Gott übernehmen wollen«.

Die Verhandlungen mit der Stadt, die sich über die nächsten anderthalb Jahre hinziehen, erweisen sich allerdings als sehr ernüchternd. Die Meisterin teilt dem Stadtmagistrat am 24. Dezember 1838 mit, dass sie den Vertragsentwurf »sämtlichen Individuen mitgeteilt und fast einstimmig zur Antwort erhalten habe, dass sich unter solchen Verhältnissen das Kloster nie zur Übernahme der erwähnten Krankenpflege entschließen« könne. Die Schwestern lehnen es ab, zwei Mitschwestern und eine Magd zu ausbeuterischen Bedingungen in den Spitaldienst zu schicken, und weigern sich, die schwesterliche Bereitschaft zu hochherziger Nächstenliebe skrupellos ausnutzen zu lassen. Tatsächlich findet die Stadt für das 1842 gekaufte Gebäude erst 26 Jahre später Barmherzige Schwestern aus München, die bereit sind, den ganzen Betrieb und die Betreuung der Kranken zu erträglichen Bedingungen zu übernehmen.[37]

5. Der Geist des Ursprungs

Die schrittweise Öffnung des Großen Klosters für neue Aufgaben, die unter der jungen Meisterin Sr. Theresia erfolgt und die Johannes Wagner im neuen Pensionat engagiert mitträgt, erinnert an die Anfänge der Gemeinschaft, die 1841 auf 600 Jahre ihres Bestehens zurückschauen kann.

Unter Graf Hartmann IV. von Dillingen-Kyburg waren in der Stadt zwei Frauengemeinschaften entstanden, die sich – wie

Beginen – »Sammlungen« nannten und ohne Ordensregel und Klausur unter einer Meisterin spirituell motiviert und sozial sensibel zusammenlebten. Als das Konzil von Vienne 1312 diese Lebensweise von Frauen ohne Regel, ohne Klausur und ohne männliche Obhut verurteilte, Beginen verbot und auch keine anderen »Schwestern des freien Geistes« tolerierte, unterstellte sich der Konvent der kleinen Sammlung (das Kleine Kloster) dem Schutz der Dominikaner, die Frauen des Großen Klosters hingegen dem der oberdeutschen Franziskaner. Bereits kurz nach 1300 nahmen sie die Regel des franziskanischen Dritten Ordens an. Diese ersparte den Schwestern eine strenge Klausur und ermöglichte ihnen weiterhin den lebhaften Kontakt zur städtischen Bevölkerung. Das Große Kloster, das im 15. Jahrhundert noch immer »die große Sammlung zu Dillingen Barfußen Ordens« genannt wurde,[38] musste nach einer Brandkatastrophe 1438 von Grund auf neu gebaut werden, überstand die Reformation unter dem Schutz des Bischofs und nahm 1537–1548 die aus Augsburg vertriebenen Dominikanerinnen und Franziskanerinnen auf. Dem Versuch des Bischofs, im Zeichen der Reformen des Trienter Konzils eine striktere Klausur einzuführen, widerstand der Konvent 1566 erfolgreich, ebenso ähnlichen Versuchen seiner Nachfolger.

Im Dreißigjährigen Krieg flohen 24 Schwestern und ihre Postulantin im April 1632 zusammen mit den Dominikanerinnen vor den anrückenden Schweden nach Tirol. Von den fünf Schwestern, die zurückblieben, starben vier an der Pest. Als die Hälfte der Schwestern nach vier Jahren aus dem Exil zurückkehrte, fanden sie im Kloster nur noch Sr. Katharina Delderin vor, die wegen Lepra isoliert lebte und dadurch von der Pest verschont geblieben war. Die letzten Schwestern kamen im Oktober

1639 zurück und brachten aus Sterzing eine adelige Kandidatin mit, die ihr Erbe von 3000 Gulden einbrachte und damit den Neustart erleichterte. 1645 gelang es den Schwestern, Plünderungen durch die französisch-schwedische Armee zu verhindern. Zwei Jahre später holten sie geraubte Pferde aus dem kaiserlichen Heerlager zurück und nach dem Westfälischen Frieden von 1648 half der Konvent der Stadt, weiterhin

Zeit und Verhältnisse müssen uns belehren.
Sr. Theresia Haselmayr

vorbeiziehende Truppen durchzufüttern. Ein halbes Jahrhundert später belastete der europaweit wütende Spanische Erbfolgekrieg Dillingen und seine Klöster erneut durch Truppen, Einquartierungen und Plünderungen.

Danach erlebten die Franziskanerinnen eine Blütezeit, die ihnen 1732–1740 den Neubau der Klosterkirche ermöglichte. 1774 führte der Landesherr, Fürstbischof Clemens Wenzeslaus von Sachsen, im Geist der kirchlichen Aufklärung im ganzen Hochstift die Schulpflicht ab dem siebten Lebensjahr ein. Das Große Kloster hatte die dreijährige Mädchenschule zu übernehmen. Es stellte dafür vier seiner 25 Schwestern zur Verfügung, qualifizierte sie für den unentgeltlichen Dienst und richtete Schulräume im Ökonomiegebäude ein.

Die 600 Jahre lange Geschichte der Gemeinschaft zeigt, dass das Kloster seine enge Beziehung zur Stadt im Lauf der Zeit immer wieder neu gelebt hat: solidarisch in Krisenzeiten, gastfreundlich, Gottesliebe mit Menschenliebe verbindend, im franziskanischen Geist weltoffen und kontemplativ zugleich. Versuche, das Kloster den Dominikanerinnen oder den Klarissen anzugleichen, wurden jedes Mal zurückgewiesen.

Sr. Theresias Offenheit für neue Formen der Solidarität kann sich von dieser bewegten Geschichte des Klosters ermutigen lassen. 1841 feiert die Meisterin im 600. Jahr des Bestehens ihres Klosters ihren 33. Geburtstag und kann damit ihre Profess auf Lebenszeit ablegen. Sie wird ebenso lange in der Leitungsverantwortung der Gemeinschaft stehen, die unter ihrer Führung vom einzelnen Kloster zur Kongregation wird – zu einem Verbund von Klöstern und Niederlassungen unter gemeinsamer Leitung. Die Dillinger Schwestern gelten heute dank ihrer Wurzeln im Hohen Mittelalter und ihrer mutigen Öffnung für die neue Zeit als die weltweit älteste Franziskanerinnenkongregation der Geschichte.[39]

Drittes Intermezzo

Liebe Schwester Theresia,

Planungssicherheit heißt ein Zauberwort des heutigen Menschen und der modernen Gesellschaft. Wirtschaft und Privatleben bauen darauf. Budget- und Businesspläne, Investitions- und Karrierepläne sind so kompetent zu erstellen, dass sie aufgehen. Wettervorhersagen sind über Tage so präzise zu machen, dass sie zutreffen. Fahrpläne des öffentlichen Verkehrs sind so abzustimmen, dass sie bei jedem Wetter und in jeder Jahreszeit minutengenau einzuhalten sind. Der eigene Kalender, oft Monate im Voraus mit Terminen bestückt, soll unabhängig von Tagesform, Fitness und Gesundheitslage umsetzbar sein. Selbst Partnership-Plattformen versprechen, aufgrund der eingegebenen Daten passende Paare zu bilden, die dank Algorithmen das Glück ihres Lebens finden! Dein Leben und Wirken kontrastiert zu jeder Planungssicherheit. Du wirst Lehrerin und trittst in eine sterbende Gemeinschaft ein, von der niemand sagen kann, ob aus dem alten Wurzelstock ein neues Bäumchen sprießt. Du wirst zur Meisterin gewählt, obwohl du keine lange Erfahrung im Ordensleben und noch gar keine in Leitungsämtern hast. Du lässt dich mit deiner jungen Gemeinschaft initiativ auf Neuland ein, obwohl das Kloster finanziell weiterhin mit prekärer Unsicherheit kämpft. Dabei leitet dich nicht Risikofreude oder Abenteuerlust, sondern Menschenliebe – und Gottvertrauen! Und du traust deinen Mitschwestern zu, dass sie neue Herausforderungen packen: schulisch, in der Kinderkrippe, mit dem Pensionat, vielleicht sogar in der Krankenpflege. Mut, sich gemeinsam und ohne materielle Sicherheiten in unbekanntes Neuland zu wagen, er zeichnet dich aus!

Ein Zweites, was mich als Franziskaner beeindruckt, ist deine beherzte Schwesterlichkeit! Kaum in die Leitung gewählt, setzt du dich entschlossen dafür ein, dass keine Schwester diskriminiert wird: ob gebildet oder ungebildet, ob Lehrerin oder im Hausdienst, ob erfahren oder ganz jung, ob Adels- oder Bauerntochter – vor Gott hat jede ihren vollen Wert, und das soll auch in der Gemeinschaft so sein. Dein Gesuch um rechtliche Gleichstellung aller Schwestern bei internen Wahlen wird von Hierarchen der Männerkirche abgelehnt und dringt erst volle 100 Jahre später durch, 20 Jahre nach Einführung des Frauenstimmrechts in der Weimarer Republik. Ich finde es stark, wie du deine tief franziskanische Haltung auf deine Amtsführung übertragen hast! Du unterschreibst deine Briefe etwa mit »M. Theresia Haselmayr und ihre sämtlichen Mitschwestern« oder mit Zusätzen wie »namens aller« und »namens des Gesamtkonventes«.

Ein Drittes: In der Spitalfrage wird jede einzelne Schwester schriftlich um ihre Meinung gebeten, und diese persönlichen Statements werden dem bischöflich beauftragten Direktor mit der klaren Ansage mitgeteilt, dass du aus dem Gesamtbild aller Stimmen den Willen Gottes erkennst. Ähnlich großes Vertrauen in das gemeinsame Hören und in demokratische Prozesse zeigt Franz von Assisi in den brüderlichen Pfingstkapiteln, in denen die Geistkraft Gottes in jeden Bruder und in Abstimmungen aller wirkt. Auf dasselbe Vertrauen baut Papst Franziskus, der auf eine synodale Kirche hinwirkt: Auch er sieht Gottes Geist zunächst in jedem und jeder Gläubigen wirksam und basisbewegt handeln: Dies bleibt bis heute eine Zumutung für Kirchenrechtler und alle, die den Geist in der Kirche hierarchisch von oben nach unten wirkend lehren – und die damit auch menschliche Machtgefälle verteidigen. Die Zuversicht, dass Gott demokratische Prozesse nicht scheut und dass sich seine Stimme in gemeinsamer schwesterlicher Spurensuche vernehmen lässt, gründet im festen Vertrauen, dass jeder Mensch inspiriert ist. In deiner Lebenswelt sind es auch schon die jüngsten Novizinnen, die am Anfang ihres Ordensweges stehen. Du glaubst an einen Gott, der über allem steht, der uns als Gottessohn mitten unter Bedürftigen begegnet und der als Geistkraft im Innersten jedes Menschen wirkt. Dieser dein Glaube fordert heraus und spornt an!

Dankbar für dein schwesterliches Profil in unserer von Männern dominierten Kirche,
Niklaus

Mein Intermezzo

IV
Der Professor und die Oberin

Die 1840er-Jahre sehen sowohl im Leben der Meisterin wie des Seminarpräfekten die markantesten Veränderungen. Zugleich führt die gemeinsame Wachheit für die Nöte der Zeit in raschen Schritten zu jener Allianz, welche die Expansion der Schwesterngemeinschaft und die Entstehung vielfältiger Sozialwerke möglich macht.

1. Die Schwestern und ihr Beichtvater

Johannes Wagners Kontakte zum Franziskanerinnenkloster sind drei volle Jahrzehnte seines Lebens punktueller und privater Art. Die Oberlehrerin Sr. Seraphina, eine nahe Verwandte seines Vaters, hat er schon als Junge mit der Familie besucht. Erst als Präfekt im Priesterseminar kommt er jedoch wöchentlich ins Kloster, seit dieses 1836 das Mädchenpensionat eröffnet hat. Indem der junge Priester da den Internatsschülerinnen Religionsunterricht erteilt und Klosterinteressierte begleitet, gewinnt er an Vertrautheit und auch an Vertrauen der pädagogisch engagierten Schwestern. Ein entscheidender Schritt geschieht mit dem Tod von Regens Schlichting, dem das Frauenkloster so sehr am Herzen liegt, dass

> **Führe uns so, allweiser Gott, dass jeder von uns am Abend sagen kann: Ich habe gelebt!**
> *Johann Ev. Wagner*

er die Aufgabe des Direktors und Schwesternbeichtvaters bis in seine letzten Tage wahrnimmt. Zwar ermutigt er die Meisterin schon vorher, seinen »Herrn Präfekten im Auge« zu behalten, da er »dem Kloster noch viele gute Dienste tun« könne,[40] doch besetzt Wagners »väterlicher Freund« das Feld selber bis zu seinem Tod. Regens Schlichting stirbt in den Armen seines Freundes Johannes am 9. Juni 1843.

Darauf erbitten die Schwestern, von ihrem außerordentlichen Beichtvater[41] Professor Florian Moll ermutigt, Johannes Wagner vom Bischof als neuen Beichtseelsorger. Sr. Theresia reicht das Gesuch ein und vermerkt in der Chronik, der Wunschkandidat sei »Professor der Dogmatik am königlichen Lyceum dahier« und »ein sehr eifriger, frommer und gelehrter Mann«, über dessen Ernennung sich alle Schwestern sehr freuen würden. Bereits am 19. Juni erteilt die Bistumsleitung in Augsburg Wagner die Vollmacht, die Stelle des Beichtvaters anzutreten. Fünf Tage später erfährt der Konvent von der Entscheidung, und als Wagner gleichentags die Schwestern besucht, überreicht ihm die jüngste Novizin Philomena Birzele ein Bild des Guten Hirten, das fortan

Kloster. Drinnen und draußen. Geborgenheit und Weite. Bei sich sein und bei den Menschen sein. Kloster. *(Blick aus einem Schwesternzimmer im Mutterhaus der Dillinger Franziskanerinnen)*

für immer in seinem Zimmer hängen wird. Am 1. Juli tritt der neue Beichtvater sein Amt an, das er 43 Jahre lang ausüben wird.[42] In einer achtsamen und geschwisterlichen Art der geistlichen Begleitung wird Johannes mit den Schwestern individuell vertraut, erfährt von ihren persönlichen Schwierigkeiten und lernt auch die gemeinschaftliche Dynamik kennen. Er erkennt die Stärken und Schwächen einer jeden, was es ihm künftig in gemeinsamen Projekten ermöglicht, Talente zu fördern und Talentierte bei Stellenbesetzungen ins Gespräch zu bringen.

2. Professor der Dogmatik

Hätten sich die Wünsche des jungen Präfekten im Seminar erfüllt, so hätte sein Weg nach ein paar Jahren in der Priesterausbildung wieder in die praktische Seelsorge auf dem Land geführt. Das Schicksal und die Personalentscheidungen des Bistums Augsburg haben die Weichen anders gestellt. Johannes Wagner macht in Dillingen selbst Karriere, und ohne diese hätte sich die enge Verbindung mit dem Franziskanerinnenkloster nicht ergeben. Ende 1841 fällt im Lyzeum der schwer erkrankte Dogmatikprofessor aus. Bis zur Säkularisation junger Mönch in Benediktbeuren, ist Maurus Hagel bereits Johannes' Lehrer im Theologiestudium gewesen. Rektor Angelus Schrott und das Ordinariat erlauben es dem Kranken, das Skript seiner Vorlesung durch seinen einstigen Schüler vortragen zu lassen. Der junge Präfekt des Seminars betritt akademisches Neuland und hält jeden Tag auf dem Katheder des einstigen Lehrers eine Stunde Vorlesung. Als Hagel am 2. Februar 1842 stirbt und die Studenten von der Aushilfe begeistert sind, drängt der Rektor Johannes, sich beim Oberhirten um die Professur zu bewerben. Wagner reist zu Bischof Peter von Richarz nach Augsburg, der ihn ermutigt, die Bewerbung beim königlichen Ministerium einzureichen. Obwohl der Kandidat weder promoviert ist noch Fachliches publiziert hat, wird die Ernennungsurkunde am 27. Juni 1842 ausgestellt. Am 12. Juli führt der Rektor den neuen Dogmatikprofessor in sein Amt ein: Der 35-Jährige hält eine geistvolle Antrittsvorlesung vor den Studenten und seinen künftigen Kollegen, fünf Professoren der Philosophie und vier der Theologie. Seine Professorenwohnung bezieht er erst Ende September. Bereits im ersten Jahr begeistert Johannes Wagner, nun nicht mehr mit dem kommentierten Skript seines Vorgängers, sondern mit selbsterarbeiteten Vorlesungen. Studierende wie auch Kollegen attestieren ihm in den nächsten 21 Jahren, das »Evangelium mit Wort und Tat« zu verkünden und solide Glaubenslehre mit ansteckender Glaubensfreude zu vermitteln.[43]

Wie wach der Dogmatikprofessor über die akademische Welt hinausblickt und wie beherzt menschlich er auf Nöte einfacher Leute reagiert, erhellt eine Episode, die Karl Rödelbronn[44] 1893 in seinen Gedenkblättern wie folgt schildert: »Ein Polizist stellte ihm einst einen Handwerksburschen, der neue Stiefel trug, mit den Worten vor: ›Hochwürden, dieser Mensch will mir aufbinden, Sie hätten ihm die neuen Stiefeln gegeben, während er sie zweifelsohne gestohlen hat! Wer gibt einem Bettler neue Stiefel?‹ ›Lieber Freund‹, lautete die Antwort, ›der arme Tropf hat die volle Wahrheit gesagt. Mit alten war ihm nicht gedient; die hatte er selbst.‹«[45]

Wie schon als Präfekt im Konvikt nimmt der Neuprofessor auch praktische Seelsorgeaufgaben wahr: Bereits 1843 predigt er

> **Zweck der Wohltat ist, Not zu erleichtern (und) Freude zu verbreiten.**
>
> *Johann Ev. Wagner*

sonntags in der Studienkirche für Gymnasiasten, Studenten und Leute aus der Stadt und der Region. Hier sitzt er von Freitag bis Sonntag viele Stunden im Beichtstuhl. Der Andrang wird so groß, dass er immer öfter das Mittag- und Abendessen verpasst und der Bischof ihm auf Briefe besorgter Freunde hin Essenspausen verordnet. In Ferienzeiten nimmt er Aushilfen und Stellvertretungen in Pfarreien des Umlands wahr. Der Bischof engagiert ihn zudem für Pfarrerprüfungen und diözesane Priesterexerzitien. Seinen Lohn setzt der Professor weiterhin für soziale Bedürfnisse ein.

Sein gutes Herz für Menschen in Not führt auch zu Überforderungen. Im Frühjahr 1846 nimmt Johannes einen depressiven Priester in seine Wohnung auf, der wegen Alkoholexzessen im Wirtshaus von seiner Vikariatsstelle in Großkitzighofen entfernt worden ist. Der psychisch kranke Alois Schirsner erweist sich als jähzornig, malträtiert seinen Gastgeber über Wochen und bringt seine Wohnung durcheinander. Als eine Franziskanerin, die sein Schlafzimmer reinigt, ein Büschel ausgerissener Haare findet, schlägt sie bei der Meisterin Alarm. Sr. Theresias Anzeige bewirkt, dass der Bischof interveniert und den kranken Gast ins Priesterhaus einweist.[46] Wagner lässt sich durch die leidvolle Erfahrung nicht entmutigen: 1850 übernimmt er die geistliche Begleitung der Priester, die in Dillingens kirchlicher »Corrections-Anstalt« einsitzen. Die vielen Tätigkeiten neben seiner Professur haben zur Folge, dass der beliebte Dogmatiker erst 1849 einen kurzen theologischen Fachbeitrag veröffentlicht. Der 30-seitige Artikel wird sein einziger bleiben.[47]

3. Geistlicher Direktor des Klosters

Wagner ist seit einem Jahr Professor, als ihn die Schwestern als Beichtvater erbitten. Zwei Wochen nach Antritt dieser neuen Zusatzaufgabe ernennt ihn der Bischof am 15. Juli 1843 auch zum geistlichen Direktor des Frauenklosters. Er vertritt in dieser Funktion vor Ort den Bischof, dem die Schwestern unterstellt sind. Zu seinen Pflichten gehört es fortan, die Meisterin in allem zu unterstützen, was für ihre Gemeinschaft spirituell und rechtlich von Bedeutung ist. Er hat zweitens über die Befolgung und Auslegung der Ordensstatuten und der bischöflichen Weisungen zu wachen und drittens um die Fortbildung der Schwestern besorgt zu sein. Sr. Gertraud Feihl stellt in der Auswertung der Quellen fest, dass der neue Direktor und Sr. Theresia als Meisterin in ihrer gemeinsamen Verantwortung viel »beidseitiges Wohlwollen und ein feinfühliges Miteinander« an den Tag legen, das die Erfolgsgeschichte der jungen Kongregation mit ermöglicht hat.[48] Fürs Erste äußert sich das geistliche Amt im klösterlichen Alltag für alle erlebbar in der Praxis, jeden Morgen früh mit den Schwestern die Konventmesse zu feiern: im Winter um 6.30 Uhr und im Sommer um 5.30 Uhr, gefolgt von einem halbstündigen Vortrag. Neu unterrichtet Johannes Wagner nun auch junge Schwestern. Er kleidet in seiner Amtszeit zusammen mit der Meisterin 360 neue Schwestern ein. Unter diesen findet sich auch Gräfin Bertha Fugger von Glött, die den Ordensnamen Sr. M. Hildegard annimmt. Ihr Eintritt ins Große Kloster ist derart sensationell, dass zur Einkleidung am 19. Januar 1859 Bischof Pankratius von Dinkel persönlich aus Augsburg anreist.

Wenn die Meisterin in Verhandlungen mit männlichen Behörden nicht weiterkommt, erweist sich der Direktor als guter

Runder Tisch. Ohne Hierarchie. Ohne Oben und Unten. Barrierefrei geschwisterlich. *(Tisch im sog. Herrenzimmer Im Mutterhaus der Dillinger Franziskanerinnen)*

Außen- und Wirtschaftsbeauftragter. Der Landrichter wendet sich, als eine Rückfrage an die Schwestern ohne Antwort bleibt, an den Professor als »Ökonomieadministrator« des Klosters.[49] Ein schönes Beispiel für politischen Support bietet ein Konflikt um die Gruft des Frauenklosters, in der die Gemeinschaft bis zur Säkularisation ihre verstorbenen Mitschwestern beisetzte. Seit 1803 ist ihnen dies untersagt und während 40 Jahren sind die Franziskanerinnen auf dem städtischen Friedhof bestattet worden. Mit dem Wunsch, ihre Verstorbenen wieder am Ort ihres Klosterlebens beisetzen zu dürfen, prallt Sr. Theresia jedoch bei den Behörden ab. Erst als Johannes Wagner den königlichen Landrichter gewinnt und dieser die Eingabe des Klosters an die Kreisregierung unterstützt, kommt Bewegung in die Sache. Die Franziskanerinnen dürfen ihre Gruft wieder nutzen, in der es noch 15 freie Grabnischen gibt. Es ist eine schöne Fügung, dass als erste Schwester nach langen Jahrzehnten Ende August 1846 die langjährige Oberlehrerin und Novizenmeisterin Seraphina Mayr in der alten Gruft ihre letzte Ruhe findet: Johannes' Verwandte, die bereits in seinen Kindertagen die erste persönliche Beziehung zum Großen Kloster geschaffen hatte und mit der er als Junge das Firmessen genießen durfte.[50]

4. Erste Filialen in Höchstädt und Medingen

Kaum in sein Direktorenamt eingesetzt, sieht sich Johannes Wagner im Sommer 1843 auch durch Geschäftliches gefordert. Das Kloster verhandelt eben mit der Regierung von Schwaben und dem Augsburger Bischof, um das säkularisierte Dominikanerinnenkloster Medingen erwerben zu können. Am 26. Juli gibt das königliche Landgericht grünes Licht für den Kauf; tags darauf legt der Direktor die zehn Kilometer zurück, um als Vertreter des Bischofs in Medingen Vertragliches zu klären. Das Kloster ist ihm vertraut und liegt eine halbe Wegstunde nordöstlich seiner ersten Pfarrei Wittislingen. In der Säkularisation sind die Ländereien vom Staat veräußert und das Kloster samt Kirche einem Metzger verkauft worden. Die staatliche Auflage, die Dominikanerinnen bis zu ihrem Aussterben im Kloster wohnen zu lassen, hinderte den neuen Besitzer daran, die Anlage abzubrechen und die verwertbaren Materialien zu Geld zu machen.

Im Mai 1842 wendet sich der Privatmann Franz Bleicher an die Dillinger Franziskanerinnen mit dem Angebot, das historische Kloster zu kaufen, wenn die Schwestern darin ein Mädchenpensionat errichten. Sr. Theresia gewinnt ihre Gemeinschaft für die Idee, ihr eigenes Internat dorthin zu verlegen. Sie legt die Begrün-

Da sprießt was! Da wächst was! Aus dem Boden unserer Welt, aus dem Boden unserer Zeit zum Wohl der Menschen, dem Himmel entgegen.

dung dafür dem Bischof wie folgt dar: »Durch die Erwerbung des Klosters Maria Medingen gewinnen wir einen größeren, gesünderen und für ein Pensionat in jeder Beziehung geeigneteren Raum. Wir werden dann in den Stand gesetzt, mehr Zöglinge aufnehmen zu können und unser Nahrungszweig wird dadurch auch wieder vermehrt«.[51] Der Kauf zieht sich hin und der geistliche Direktor erweist sich in enger Absprache mit der Meisterin und in Kontakt zu seinem Bischof als geschickter Unterhändler. Am 24. Oktober findet die feierliche Übernahme des Klosters statt, bei der der Direktor im Auftrag des Bischofs den Festgottesdienst hält, die 600-jährige Geschichte des Klosters würdigt und Sr. Theresia Haselmayr als dessen mutige Retterin lobt. In der Folge ziehen 25 Internatsschülerinnen und neun Schwestern, darunter drei Novizinnen, von Dillingen nach Medingen,

wo noch neun greise Dominikanerinnen und deren Beichtvater
Vincent Mayr leben. Die Einziehenden bringen auch ein Klavier,
eine Kuh, ein Schwein und Fische für den kleinen See mit. Um
ernsthafte Anfangsschwierigkeiten zu überwinden, übernimmt
es Sr. Theresia, die Filiale im ersten Jahr selbst zu leiten. Sie lässt
sich im Mutterhaus, wo 14 Schwestern verbleiben, von Sr. Seraphina vertreten.[52]

Mit der Verlegung ihres Mädchenpensionats in das ausster-
bende Dominikanerinnenkloster bestätigen die Franziskanerinnen eine entscheidende Wende in ihrer Geschichte: Sie senden
ab 1843 erstmals Schwestern an Orte, die vom Mutterkloster entfernt liegen. Kurz vor der Übernahme des Klosters Medingen hat
der Dillinger Konvent eine erste Filiale in Höchstädt ⟶ 06
eröffnet. Die kleine Donaustadt, die zu Fuß zwei Wegstunden
östlich von Dillingen liegt, hat seit September 1841 um vier
Schwestern gebeten, denen sie die Mädchenschule übertragen
könnte. Für Sr. Theresia fällt die Entscheidung auch in eine
persönlich bewegte Zeit: Ende November stirbt ihr Vater. Die
Stadt Höchstädt bietet Wohnraum für ein »Filialkloster« und
jährlich 400 Gulden Entlohnung sowie Holz an. Weil sich in

**Ist die Sache Gottes
Werk, so kommt es
zustande!**
Sr. Theresia Haselmayr

der Folge Stadtmagistrat und Bistumsleitung in
die Haare geraten und auch die Beziehungen
zwischen Mutterhaus und künftiger Filiale zu
klären sind, verzögert sich die Übernahme der
Schule über ein Jahr. Doch an Neujahr 1843 ist
es so weit. Die Meisterin vermerkt in der Klosterchronik: »Der
1. Januar war der letzte Tag, an dem alle meine lieben Mitschwestern noch beisammen waren«. Es sind 22 Frauen im Refektorium
versammelt, 15 Chor- und fünf Laienschwestern sowie zwei Novizinnen. Franziska Reisch, eine junge Schwester aus Höchstädt,

ist eine Woche zuvor an Heiligabend verstorben und am Stefanstag auf Dillingens Stadtfriedhof beerdigt worden. Die Entscheidung zur Filialgründung möglich gemacht hat die Tatsache, dass wieder vier neue Kandidatinnen um Aufnahme ersuchen. Die wachsende Gemeinschaft muss neue Schwestern sinnvoll beschäftigen und ernähren können. Während die Meisterin selbst an Klausurregeln gebunden ist, übernimmt es der Direktor, zur Klärung oder Lösung rechtlicher, organisatorischer und seelsorglicher Fragen zwischen Dillingen und seinen Filialen zu pendeln. Sr. Theresia kann ihre Reisen damit auf Dringliches und auf freudvolle Ereignisse wie neue Einkleidungen beschränken.

Seit seiner Studentenzeit wanderfreudig, legt Johannes Wagner die Wege zwischen Dillingen und den Klosterfilialen zu Fuß zurück. Bei Hin- und Rückweg am selben Tag sind es Märsche von 20 und 30 Kilometern. Kollegen erinnern sich, dass der Professor bisweilen erst spätabends erschöpft in seine Wohnung zurückkam. Im Kloster erzählen sich Schwestern sprechende Episoden. So sei ihr lieber Beichtvater zwischen Medingen und Dillingen an einem gewittrigen Sommertag an einer Wiese vorbeigekommen, wo ein Bauer seine hochschwangere Frau antrieb, das Heu schneller auf den schon hoch beladenen Wagen zu stemmen. Johannes Wagner habe den Talar ausgezogen, der Frau die Gabel abgenommen und sie nach Hause gehen lassen. An einem Winterabend habe er sich im Schneesturm verirrt und sei erst um Mitternacht durchnässt und durchfroren in seine Wohnung gelangt, wo noch Benediktinerstudenten auf ihn warteten, um vor dem Sonntag bei ihm zu beichten.[53]

5. Sorge für Taubstumme

Ebenfalls 1843 – im Jahr der ersten zwei Filialgründungen und von Wagners Ernennung zum Beichtvater und geistlichen Direktor der Dillinger Franziskanerinnen – bahnt sich eine weitere Weichenstellung an. Zwei Jahre zuvor ist das Lehrerseminar von Dillingen nach Lauingen in das ehemalige Augustinerkloster verlegt worden. Damit hat auch die kleine Taubstummenschule, die dem Seminar seit 1834 in einfachsten Räumen angegliedert ist, in die Nachbarstadt gewechselt. Die Regierung des Oberdonaukreises wünscht nun, taubstumme Kinder künftig nach Geschlechtern getrennt zu unterrichten.

»Lebhaft denke man sich in die Lage des Hilfsbedürftigen hinein, denke sich ihn als Gleichen, als seinen Mitmenschen, als seinen Bruder« – als seine Schwester.
Johann Ev. Wagner, 19-jährig

Der Seminarinspektor, der privat auch Dillinger Lehrschwestern ausbildet, schlägt das Frauenkloster als Trägerin einer Schule für taubstumme Mädchen vor. Schon seit einigen Jahren beherbergen die Schwestern gehörlose Mädchen, die in der Stadt zur Schule gehen und keine Gastfamilien finden. Da auch Regierungsrat Joseph Karl von Ahorner das Projekt unterstützt, finden sich zwei Kandidatinnen bereit, nach München zu gehen, um sich am dortigen Taubstummeninstitut ausbilden zu lassen. Ende September 1843 erklärt sich der Konvent »mit Vergnügen bereit, den Unterricht der taubstummen Mädchen vom Regierungsbezirk Schwaben und Neuburg übernehmen zu wollen«. Das Schreiben Sr. Theresias fährt fort, dass durch den Wechsel »der Töchterschule in das Kloster Maria Medingen … die für dieses Institut bisher in Dillingen benützten Lokalitäten leer stehen«. Das Kloster stelle zwei Lehrschwestern zur Verfügung, lasse diese gern ausbilden und sei »mit einer jährlichen Remuneration von 200 fl.« [Florin = Gulden] sowie 100 Gulden für das Einrichten der Internatsschule zufrieden. Eine bescheidene Monatspension von sieben Gulden pro Kind soll das Ganze wirtschaftlich abstützen.[54] Das tägliche Pensionsgeld entspricht damit dem Preis für ein Kilogramm Rindfleisch. Die Kandidatinnen Maria Anna Messerer und Afra Baustel, die Johannes Wagner für die Aufgabe begeistert hat, stellen sich als künftige Lehrerinnen zur Verfügung und sind bereit, sich in München dafür ausbilden zu lassen.[55]

Die großherzige Bereitschaft der beiden Kandidatinnen wie die der ganzen Gemeinschaft wird jedoch arg auf die Probe gestellt. Die Erlaubnis zur Ausbildung in München lässt auf sich warten, und als die Meisterin ihr Gesuch im September 1845 erneuert, erfährt sie, dass die Regierung die Taubstummenschule statt in Dillingen in Augsburg plane. Nun sind es die Schwestern, die für ihr Projekt kämpfen. Zwei Monate später erreichen sie über Stadtpfarrer Vogel, der auch Abgeordneter in Münchner Landtag ist, dass die beiden künftigen Lehrerinnen zur Ausbildung ans zentrale Institut reisen können. Anfang September 1846 kehren sie gut ausgebildet zurück, worauf die Meisterin der Regierung die Vorzüge einer klösterlichen Privatschule schildert: Sie belaste den Staat nicht, brauche keine Subventionen und biete zusätzliche Bildung in Hauswirtschaft, Handarbeiten und Kunststickerei. Anfang Januar 1847 trifft die Bewilligung ein, das »Lehr- und Erziehungsinstitut« für taubstumme Internatsschülerinnen einzurichten. Am 3. Mai beginnt der Unterricht mit einer Schülerin, zu der bald darauf zwei hinzukommen, und Mitte August findet im Speisesaal des Klosters deren erste Prüfung vor Eltern, Lehrerinnen und Gästen statt. 1848 sind es sechs

Schülerinnen, zwei Jahre später elf, und bis 1853 verdoppelt sich die Zahl, sodass der Platz im Schlafsaal knapp wird.

Das Kloster hat inzwischen die Idee entwickelt, die Schule mit einer »Versorgungseinrichtung« zu erweitern. In dieser sollen taubstumme Jugendliche über die Schulzeit hinaus wohnen und mit Kunsthandwerk und anderen Arbeiten zu ihrem Lebensunterhalt beitragen können. Eine Gönnerin bietet an, zu diesem Zweck das ehemalige Kleine Kloster der Dominikanerinnen zu kaufen, das halbleer steht und als Getreidespeicher genutzt wird. Die Regierung zeigt sich im März 1853 verhandlungsbereit und verlangt einen Finanzierungsplan für Kosten von 5000 Gulden. Weitere Verhandlungen enden jedoch im August 1854 in einer Sackgasse. Als der schwäbische Regierungspräsident Carl Freiherr von Welden einen Monat später nach Dillingen kommt,

Zeigt her eure Schuhe! An euren Schuhen und an deren Spuren wird man euch erkennen.

90

erörtert er mit der Meisterin, dem Stadtpfarrer und Professor Wagner Alternativen. Eine solche findet sich im ehemaligen Lehrerseminar, nun im Besitz des Bierbrauers Michael Mayr, der dort mit dem Gasthaus »Zum Schwanen« Konkurs erlitten hat. Am 2. November kauft Johannes Wagner das Haus samt Grundbesitz für 13 000 Gulden, wozu Sr. Theresia 4000 Gulden aus der Klosterkasse als Anzahlung vorstreckt. Den Rest finanziert Wagner durch eine clevere Crowdfunding-Aktion: Durch Briefe an den Klerus der Diözese ——➤ 07 und an sein breites Beziehungsnetz bietet er Aktien à 25 Gulden an, die innerhalb von sechs Jahren zinslos zurückgezahlt werden. Der innovative Plan gelingt: Viele Käufer verzichten im Voraus auf eine Rückzahlung, Wagner steuert einen schönen Teil seines Professorenlohnes bei und Spender steigern die Gesamtsumme auf 25 000 Gulden.[56]

Das Ausbleiben der staatlichen Bewilligung verzögert den Umzug vom Kloster ins bereits eingerichtete Haus jedoch über Monate. Als im Frühjahr 1855 in Dillingen eine Masernepidemie ausbricht, schreiten der Professor und die Schwestern entschlossen zur Tat: Drei Lehrerinnen, eine Krankenschwester, 25 taubstumme Schülerinnen und drei Ehemalige ziehen am 31. März in den vormaligen »Schwanen«. Acht Monate später reichen Regierung und Bistum die Bewilligung nach. Damit entsteht in Dillingen selbst eine Filiale des Mutterklosters. Die beiden leitenden Schwestern Maximiliana Messerer und Udalrika Baustel werden als Expertinnen für Unterricht, Leben und Arbeit mit gehörlosen Menschen zu Mitbegründerinnen des späteren Regens-Wagner-Werks.[57]

Das enge Zusammenwirken von geistlichem Direktor und Meisterin zeigt sich kurz nach der Eröffnung in erneuten Verhandlungen und im Kauf des ehemaligen Dominikanerinnen-

Zwei Menschen wie zwei Zahnräder: Einer treibt an. Einer entschleunigt und bremst. Der eine hat Bedenken. Der andere hat keinen Zweifel. Mal der eine, mal der andere. Nur gemeinsam geht es voran. Nur so geht es weiter.

klosters von Dillingen. Da auch die Schulräume im Großen Kloster eng geworden sind, andere Gemeinden Schwestern als Lehrerinnen verlangen und Kandidatinnen in allen Fächern ausgebildet werden müssen, fällt der Blick auf das Kleine Kloster, dessen größerer Teil nach wie vor als Getreidespeicher dient. Die königliche Regierung zeigt sich im Juni 1856 gesprächsbereit. Die Meisterin selbst führt die Verhandlungen brieflich, bis auch Probleme mit den Mietern der Kellerräume gelöst sind und es im Juli 1857 zum Kaufangebot »im Namen seiner Majestät, des Königs von Bayern« kommt. Die Schwestern haben einen Bevollmächtigten zu bezeichnen, der den Kaufvertrag für das Kloster unterzeichnet. Johannes Wagner setzt seine Unterschrift am 18. August unter das Dokument, das den Besitzerwechsel für

6500 Gulden besiegelt, die das Kloster bereits bar beim Rentamt deponiert hat.

1857 wird nach der Lehrinnenausbildung und der Mädchenschule auch die Kinderkrippe ins Kleine Kloster verlegt. Letztere bietet 80 Kindern Platz und nimmt im Sommer bis zu 100 auf. Der Bau eines hohen Verbindungsganges im Innern der Pfarrkirche ermöglicht es den Lehrerinnen, von ihrem Kloster direkt in die Schulräume zu gelangen.[58] Damit sind die Franziskanerinnen in Dillingen fortan an drei Standorten präsent.

Im gleichen Jahr macht Professor Wagner, Käufer des ehemaligen »Schwanen«, das erste Werk für Taubstumme finanziell und rechtlich unabhängig. Es soll den taubstummen Frauen gehören und eine Stiftung werden. Die königliche Regierung verleiht dem Institut darauf am 7. September 1857 die staatliche Anerkennung als eigene Rechtsperson. Indem Johannes Wagner lebenslang »Beistand« der Stiftung bleibt, zu deren Leitung auch die Meisterin des Klosters und die Oberin des Instituts gehören, bleibt er wirtschaftlich, baulich und politisch gefor-

Die schönste und heiligste Pflicht unseres Ordensgemeinschaft: Bildung von Frauen an Geist und Herz für das Leben auf Erden und den Himmel.
Sr. Theresia Haselmayr

dert. Doch am Herzen liegen ihm die Menschen: Täglich kommt der Stifter als »Mitsorger« ins Haus,[59] ermutigt die Schwestern und schaut nach den Kindern. In den Semesterferien verbringt er viele Stunden mit ihnen, arbeitet mit ihnen in der Werkstatt, begleitet sie auf Wanderungen und lädt sie später auch zu fröhlichen Nachmittagen ins Seminar.[60]

Viertes Intermezzo

Lieber Johannes,

in dieser vierten Etappe unserer Spurensuche verbindet sich dein Leben und Wirken enger mit den Dillinger Schwestern. Mit dem Historiker Harald Johannes Mann bezeichnet Michaela Haas dein Zusammenwirken mit Sr. Theresia und Stadtpfarrer Vogel als »glückliche Konstellation von drei Sternen im Himmel der Hilfsbereitschaft« gegenüber Menschen mit Behinderung.[61] Allerdings zeigt sich dein Zusammenspiel mit der Meisterin und den Schwestern weit vielfältiger: als Beichtvater und geistlicher Begleiter, in der Ausbildung der Jüngsten und der Verwirklichung neuer Projekte, als geschickter Unterhändler und Kommissar des Klosters, als Fundraiser und nomineller Käufer von Liegenschaften, in der Öffentlichkeitsarbeit und als wandernder Verbindungsmann. Gertraud Feihl fügt in ihr Lebensbild einen sehr persönlichen Brief von dir ein, der dein Verhältnis zu den Schwestern auf schöne Weise spiegelt. Du hast ihn in der eben geschilderten frühen Phase deines Engagements für das Kloster geschrieben. Lass mich diese deine Zeilen hier abdrucken und dann persönlich kommentieren:

Augsb[urg] den 3.ten Febr[uar] [1845] Abends 8 Uhr

Hochehrwürdige,
In Christo geliebteste Frau Meisterin!
Theure Schwestern sammt u[nd] sonders!

Diesen Brief schreibe ich an einem der glücklichsten Abende meines Lebens – und er ist mir so glücklich durch meine lieben Kloster-Frauen. Gedankt sei Gott!
Sogleich nach meiner Ankunft in Augsburg gieng ich – wie es der Weg mit sich brachte – zum Herrn etc. Tischer, und fand ihn

in der Dom-Sakristei. Es war sehr gut, d[a]ß Sie, liebe Frau Meisterin, seinen eigenen Brief hereinsandten; denn Herr Tischer ist von seiner Unfehlbarkeit so sehr überzeugt, d[a]ß ihn kaum seine eigene Schrift vom Gegentheil überzeugen konnte. Für jetzt ist die Französ[isch-]Prüfung für unser leiblich und geistig starkes Viktörchen auf den nächsten Freitag angesetzt; Morgens 8 Uhr wird die Prüfungs-Commission zusammentreten. Eigene Umstände machen eine so frühe Prüfung nothwendig. Dieses aber mündlich!

Vom Herrn Tischer gieng ich zum Herrn General-Vikar, fand ihn beim ersten Anlaufe und zwar im rosenfarbigsten, seltensten Humor. »O ich Glücks-Kind«, dachte ich, und in wenigen Minuten war die Angelegenheit in Hinsicht des Herrn Beichtvaters in Ordnung. Es gab wirklich wieder Anstände, veranlaßt durch bloßes, reines Mißverständniß; dieses löste ich, und nun war ich froh, nach Augsb[urg] gereist zu sein.

Aber recht froh ward ich erst bei unserm Hochw[ür]d[i]gsten Bischof. Welch eine Aufnahme! Wahrhaft väterlich und mehr als oberhirtlich! Von 3½ Uhr bis 7½ Uhr ließ Er mich nicht von sich, wartete mir mit Wein, kaltem Braten, Punsch etc. köstlich auf, und lud mich wiederholt ein, bei ihm zu logiren. Wie warm und herzlich konnte ich von meinen lieben Klosterfrauen mit dem geliebten Oberhirten sprechen! So lieb hat mich fast noch Niemand gehabt, wie der Hochw[ür]d[i]gste Bischof.

Dann gieng ich auf die Regierung [und] traf H[e]r[r]n v[on] Ahorner, brachte mit Leichtigkeit alles ins Reine, was unsere 4 Candidatinnen (deren Noten vom vorig[en] Jahre in der nächsten Woche zusammengestellt werden), was M. Anna Schneider u[nd] die Ergänzung der Dotation betrifft u[nd] gieng dann heim, d[o]ch ich machte mich ans Schreiben u[nd] bin jetzt ganz bei Ihnen im Geiste, bald auch körperlich.
Gott mit Ihnen, Geliebteste, und mit Ihrem
Sie im Geiste liebenden u[nd] verehrenden Beichtv[a]ter
u[nd] Fr[eun]de
Wagner.[62] ➤ 08

Dein Brief richtet sich an die Meisterin und ihre Schwestern. Ich lese ihn nicht als privates Schreiben, sondern als Zeichen deiner Verbundenheit mit der ganzen Gemeinschaft. Du zeigst Sr. Theresia voller Freude deine tiefe Sympathie und nennst sie in Christus über alles geliebt. Dein Arbeitstag in Augsburg hat den Schwestern gegolten. Zunächst gab es im Dom ein Problem zu lösen. Der sich für unfehlbar haltende Domdekan Alois Tischer macht der Meisterin Probleme, die wohl mit Ausbildungen künftiger Lehrerinnen zusammenhängen.[63] Sr. Theresia hat dir seinen Brief anvertraut und du zeigst ihm anhand seines eigenen Schreibens seinen Irrtum auf. Geradezu zärtlich sprichst du dann von der jungen Victoria Rehm, der künftigen Sr. M. Vincentia, auf deren Qualitäten du vertraust. Sie wohnt im Franziskanerinnenkloster Maria Stern, mit dem die Dillinger Schwestern gute Beziehungen pflegen. Dass du die genaue Prüfungszeit im Fach Französisch nennst, zeigt mir, dass du zu jener Stunde am Freitag an sie denkst und weißt, dass auch die Schwestern im Mutterhaus da gern für ihr »Viktörchen« beten werden. Bei Generalvikar Metzler erfüllt sich ein weiteres Herzensanliegen: dass die Schwestern in Medingen den Beichtvater erhalten, den sie sich wünschen.[64] Deine Erleichterung über die beseitigten Hindernisse ist greifbar und deine Freude zeigt keinen Hauch von »invidia clericalis«, Neid unter Klerikern! Über die vier Stunden zu Gast beim Bischof berichtest du mit einer Detailfreude, die tiefes Glück atmet: dankbar für die liebevolle Aufmerksamkeit des Bischofs und das ungetrübte Verhältnis zu ihm, aber ebenso glücklich über den gemeinsamen Weg mit den Schwestern. Deine vierte Station ist Regierungsrat Joseph Karl von Ahorner, der dem Kloster seit Jahren viel Sympathie zeigt. Da geht es um Ausbildungs- und Finanzfragen, die sich unkompliziert lösen lassen. Dass du von »unseren« vier Kandidatinnen sprichst,

zeugt von deiner vollen Identifikation mit der Schwesterngemeinschaft. Nach diesem Tag, der so reich war an politisch wichtigen
Besuchen, Begegnungen und Aufgaben, fraglos müde, doch be-
schwingt setzt du dich abends hin und informierst Sr. Theresia und
ihre Gemeinschaft vorab über die Ergebnisse des Tages, obwohl
du ihnen in Bälde auch leibhaft wieder begegnen wirst: ein schönes
Zeichen deiner Verbundenheit auch im Geist.

In deiner Unterschrift schließlich fasst du deine Beziehung zur
Meisterin in zwei Begriffe: liebevolle Verehrung! Dein Brief teilt
glückliche Verhandlungserfolge im Interesse der Schwestern mit,
drückt deine persönlichen Gefühle vertrauensvoll aus, zeigt deine
emotionale Beheimatung im Bistum wie auch in der »Familie« des
Klosters und zeugt von einer Verbundenheit, die tatsächlich Augenhöhe zeigt. Es freut mich, dass alle Arbeit und die Strapazen,
die du dir mit deinen Aufgaben im Kloster und für seine Filialen
aufgebürdet hast, dir auch so viel Glück bereiten. Und ich bin mir
sicher, dass das Zusammenwirken mit den Schwestern und die
Kinder dich auch menschlich reifen ließen, sehr viel mehr, als dies
in der reinen Männerwelt des Seminars und des Lyzeums möglich
gewesen wäre.

Und dein ebenso tatkräftiges wie sensibles Zusammenspiel als
Mann mit kirchlich engagierten Frauen bleibt bis heute Zeichen
und Botschaft in einer katholischen Kirche, die noch immer vie-
lerorts Augenhöhe zwischen Männern und Frauen vermissen lässt.

Beeindruckt,
Niklaus

Mein Intermezzo

V
Filialen und franziskanische Mutterhäuser

Die seit Jahrhunderten auf Dillingen beschränkte Gemeinschaft im Großen Kloster hat 1843 begonnen, ihr Tätigkeitsfeld über die Stadt hinaus auszudehnen. Die Übernahme der Mädchenschule Höchstädt und des Klosters Medingen führt zu ersten zwei Filialen, die vom Mutterhaus aus zu Fuß in ein paar Wegstunden erreichbar sind. Bald weiten sich die Horizonte auf ganz Bayern und auch über das Königreich hinaus.

1. Blicke über den Atlantik in die »Neue Welt«

Mitte März 1849 diskutieren die versammelten Schwestern im Großen Kloster eine Frage, die geradezu sensationell anmutet. Das Protokoll des Konventkapitels vermerkt dazu: »Es wurde von allenfallsiger Übersiedelung nach Amerika gesprochen, weil daselbst noch keine Franziskanerinnen sind«.[65] Das Gesprächsthema mag überraschen, zeugt jedoch von der Wachheit der Gemeinschaft für das Zeitgeschehen, von ihrer jungen Dynamik, von Weitblick und franziskanischem Missionsgeist.

Elf Jahre zuvor war in Bayern der Ludwig-Missionsverein gegründet worden. Der erste Bischof von Detroit, Friedrich Reese, der aus Hannover stammte und als junger Mann in Waterloo gegen Napoleon gekämpft hatte, bereiste 1838 auch Bayern und bewegte die Wittelsbacher zur Gründung eines Missionswerks. Nach König Ludwig benannt, hatte es zum Ziel, katholische deutsche Auswandererfamilien zu unterstützen und die Aus-

Licht-Einfall – von außen nach innen, von der Neuen Welt in die Alte Welt, vom Himmel zur Erde, von dir zu mir.

breitung der katholischen Kirche in Nordamerika und Asien zu fördern.[66]

Im Dillinger Konventkapitel erwägen die Schwestern in ihrem jungen und kontinuierlich wachsenden Kreis ein persönliches Engagement in der Evangelisierung eines anderen Kontinents. Würden sie den Beschluss dazu fassen und ihn entschlossen umsetzen, wären sie tatsächlich Pionierinnen in der »Neuen Welt«. Denn noch gibt es in ganz Amerika noch keine einzige Kongregation franziskanischer Schwestern. Doch das ändert sich bereits im selben Jahr 1849 durch zwei Klöster in Wisconsin: In Milwaukee werden die »Franziskanerinnen von der Buße und Liebe« gegründet, in La Crosse die »Franziskanerinnen von der ewigen Anbetung«; zwei Jahre später kommen die Franziskanerinnen von Oldenburg (Indiana), 1855 die Franziskanerinnen von Buffalo (New York) und jene von Glen Riddle (Pennsylvania) hinzu. 1853 entsteht in Brasilien die erste lateinamerikanische Kongregation in Pernambuco.[67] Die Dillinger Franziskanerinnen setzen in diesen Jahren schließlich auf eine andere Option: die Ausbreitung und Vertiefung des eigenen Charismas und ihres Sendungsauftrags in Süddeutschland. Dazu gehen sie an den Inn, an den Main, in den Schwarzwald und schließlich sogar bis an den Rhein und ins Bistum Speyer.

2. Neue Klöster im Königreich Württemberg

Die Lebensweise von Schwestern, die sich beruflich qualifizieren, in Schulen und sozialen Institutionen Verantwortung übernehmen und ihr Leben mit Gefährtinnen selber bestimmen,
ermöglicht in der patriarchalen Welt des 19. Jahrhunderts gleich mehrfach Freiräume für weibliche Selbstverwirklichung: frei durch Bildung, frei für einen schwesterlichen Weg, frei für schulische und karitative Aufgabenfelder, in denen sich Frauen für eine solidarischere Ge-

> *Bitteres und Süßes miteinander vermengt, (ist) eine vortreffliche Nahrung für unsere Seele auf unserer Pilgerreise.*
> Sr. Theresia Haselmayr

sellschaft einsetzen, auch frei vom Risiko, das in der damaligen Zeit im Gebären von Kindern liegt, und frei von der Unterordnung unter den Hausherrn. Kein Wunder, dass die junge Dillinger Gemeinschaft in ihrer Dynamik und mit ihren Ausbildungsmöglichkeiten schon bald weit über die eigene Region hinaus fasziniert. Junge Frauen nicht nur aus Schwaben, sondern auch aus Altbayern, Württemberg und Franken klopfen an die Klosterpforte. Das schnelle Wachstum der Gemeinschaft drängt nach weiteren Tätigkeitsfeldern und ihre kulturelle Durchmischung ermöglicht die Gründung neuer Filialen, die nun auch über den Oberdonaukreis hinausgreifen. Eine erste Filiale im nichtbayerischen Ausland bahnt sich in *Oggelsbeuren* im heutigen Landkreis Biberach an. Die Initiative kommt von Joseph Kuonz, Pfarrer und Lehrer im württembergischen Dieterskirch, das neun Kilometer südlich des alten Donaustädtchens Munderkingen liegt. Ebenso weit östlich von Dieterskirch steht damals das Kloster Oggelsbeuren leer, in dem von 1378 bis 1787 ähnlich wie in Dillingen franziskanische Schwestern gelebt haben. Dem Pfarrer gelingt es zusammen mit Gemeindemitgliedern, das Kloster für 1990 Gulden zu kaufen. Junge Frauen der Gegend, die aus der Medinger Töchterschule zurückgekehrt sind, begeistern auch andere Familien, die »ihren Kindern gerne eine auf Religion basierte Bildung geben« möchten. So berichtet es der Pfarrer am 20. März 1853 in seinem ersten Brief an Sr. Theresia Haselmayr. Nicht ohne Stolz fügt er hinzu: »und nicht wenige Jungfrauen sehnen sich nach dem klösterlichen Leben«.[68]

Die Meisterin begrüßt die Initiative zwei Wochen später, zumal mehrere Württembergerinnen im Internat von Maria Medingen studieren und einige von ihnen Schwestern werden möchten. Die Gründung soll mit württembergischen Schwestern erfolgen und unter dem Bischof von Rottenburg eigenständig sein. Während sich die Verhandlungen mit den Bischöfen von Augsburg und Rottenburg sowie mit den beiden königlichen Regierungen über Monate hinziehen, bietet sich die ehemalige Medinger Schülerin Franziska Frankenhauser an, das Haus mit ihrem Vater für die Ankunft der Schwestern einzurichten. Die Aussicht weckt Begeisterung und mehrere junge Frauen hoffen auf eine baldige Ausbildung in Medingen. Als Franziska selber die »innigstgeliebte Frau Meisterin« um Aufnahme ins Noviziat

Anknüpfen an das, was war; an das, was ist; an das, was sein wird.

bittet, rät ihr diese, als Württembergerin abzuwarten und dann direkt in die Filiale einzutreten.

Erst Mitte Februar 1854 sind alle politischen Hürden beseitigt. Die Verhandlungen, von Sr. Theresia, klug, zielstrebig und respektvoll geführt, sind zum erfolgreichen Abschluss gebracht worden. Am 2. März begleiten die Meisterin, ihre Weggefährtin Sr. Ludovika Wille als Oberin von Höchstädt sowie Direktor Wagner die Gründer-Equipe nach Oggelsbeuren: zwei Lehrschwestern, eine Laienschwester für den Haushalt und drei Kandidatinnen, alle aus Württemberg. In Günzburg werden sie von den »Englischen Fräulein« bewirtet, fahren dann mit dem Zug nach Schemmerberg und werden von dort durch Pfarrer Kuonz mit 20 blumengeschmückten Schlitten ins neue Kloster gefahren. Unter Glockenläuten und mit Kreuz und Fahnen empfängt sie dort der künftige Beichtvater mit Ministranten, 200 Trachtenmädchen und den 17 Internatsmädchen, die bereits von Franziska erste Monate lang unterrichtet worden sind. In der Kirche singt der Klerus der Gegend das *Te Deum* und beim Einzug ins Kloster glänzen die Augen von Sr. Felizitas, dem letzten Mitglied der früheren Gemeinschaft. Regens Wagner versteht es, beim festlichen Empfang die passende Antwortrede zu halten.

Während er tags darauf wieder nach Dillingen zurückreist, wo er Vorlesungen zu halten hat, bleibt das Duo Sr. Theresia und Sr. Ludovika drei Wochen vor Ort. Die Meisterin begleitet die Aufnahme der neuen Kandidatinnen und entlässt die neue Gemeinschaft sorgsam auf ihren selbständigen Weg. Später sendet sie zur Verstärkung eine weitere Lehrschwester für das Pensionat. Die Gründung gedeiht unter Sr. Seraphina Model so schnell, dass der Platz rasch knapp wird. Im Mai 1860 wechseln 28 Schwestern mit 30 Internatsschülerinnen in das größere *Kloster Sießen,* ein leerstehendes Dominikanerinnenkloster im Besitz der Fürsten von Thurn und Taxis. Es ist heute Mutterhaus einer Kongregation, die 300 Schwestern zählt und in Deutschland, Brasilien, Südafrika, Italien und Schweden tätig ist.

Diese erste unabhängige Gründung bleibt dem »Mutterkloster« Dillingen schwesterlich verbunden. Sr. Theresia Haselmayr reist 1863 zu einem Besuch nach Sießen und die dortige Oberin kommt mit Lehrschwestern 1872 nach Dillingen. Zwei Jahre später reisen Sießener Lehrerinnen zum Erfahrungsaustausch nach Dillingen, Medingen und Glött. Für Sr. Michaela Haas wirkt in der Oggelsbeurer Gründung ein neues Dreigestirn zusammen: der örtliche Pfarrer und Schulinspektor Joseph Kuonz, die Dillinger Meisterin »und die junge mutige Franziska Frankenhauser«.[69] Das Beispiel wird Schule machen. Da der Ortspfarrer als von Rottenburg ernannter Superior zuständig ist, nimmt sich Johannes Wagner gänzlich zurück.

Noch während Oggelsbeuren in der Aufbauphase steckt, gelangen zwei weitere Ortspfarrer mit Gründungsideen an Sr. Theresia. Ihre Initiative führt ebenfalls zur Entstehung unabhängiger
Franziskanerinnenklöster, die zu Mutterhäusern international
tätiger Kongregationen werden. Ein gutes Jahr nach dem Beginn
in Oggelsbeuren hält Sr. Theresia Ende April 1855 einen Brief von
Pfarrer Faustin Mennel in der Hand. Der 30-jährige Priester leitet die Gemeinde Erolzheim zwischen Memmingen und Biberach an der Riss und trägt sich schon länger mit dem Gedanken,
auf einem Hügel drei Kilometer weiter südlich ein Franziskanerinnenkloster zu gründen. Es soll Mädchen zu »künftigen guten
Hausmüttern und Dienstboten« heranbilden.[70] Da es sich erneut
um württembergisches Gebiet handelt, verweist die Meisterin
den Pfarrer an die junge Gründung Oggelsbeuren, rund 40 Kilometer entfernt. Im folgenden Herbst bedankt sich Pfarrer Kuonz
bei Dillingen für die vielseitige Unterstützung »der Tochter in
Oggelsbeuren«, die gedeihe, und fügt hinzu: »Mit der Filiale in
Bonlanden wird es wohl ernst werden, nur muß zuerst das gegen-
seitige Verhältnis zwischen beiden Häusern festgelegt werden«.
Im Februar 1856 schreiten zwei Oggelsbeurer Schwestern zur Tat,
wechseln nach Bonlanden und beginnen da zusammen mit sechs
Kandidatinnen, die Pfarrer Mennel vorbereitet hat, das klöster-
liche Leben. Auch diese neue Gemeinschaft übernimmt die
Statuten von Dillingen, wird nach drei Jahren ein selbständiges
Kloster und erhält vom Rottenburger Bischof den gründenden
Pfarrer als Superior zugewiesen. Kurz nach 1900 entsteht eine
erste Filiale in Deutschland; ab 1926 ziehen Schwestern nach
Argentinien, Brasilien und in die USA, sodass auch Bonlanden zum Mutterhaus einer international tätigen Kongregation
wird.

Während in Bonlanden das franziskanische Leben beginnt, restauriert ein Wallfahrtspriester im Schwarzwald das ehemalige Franziskanerkloster *Heiligenbronn* unweit der Stadt Schramberg. Als David Fuchs hier 1857 mehrere Kandidatinnen gesammelt hat, wendet er sich an Oggelsbeuren. Dort hat die Gründungsoberin Sr. Seraphina Model nach drei Jahren die Leitung eben an die junge Sr. Antonia, geborene Franziska Frankenhauser, abgetreten. Sie selbst ist bereit, 100 Kilometer westwärts zu wandern und die Gründung in Heiligenbronn an die Hand zu nehmen. Anders als Wagner in Dillingen und sein Kollege Kuonz in Oggelsbeuren erweist sich Vikar Fuchs jedoch als eigenwillig und dominant. Die Gründungsoberin rettet sich 1858 nach Dillingen, um nicht »an Körper, Geist und Gemüt herunterkommen« zu müssen.[71] Erst als das Bistum auch Heiligenbronn als eigenständiges Kloster anerkennt, kehrt sie nach drei Jahren dahin zurück, wirkt als Novizenmeisterin und prägt die eintretenden Schwestern nach dem Dillinger Modell. Sie beginnen auch dort mit Waisenkindern und nehmen kurz darauf zusätzlich taubstumme und blinde Kinder auf. Damit springt der soziale Funke nach Württemberg! Ab 1863 erholt sich Sr. Seraphina von ihrer Pionierarbeit in zwei Tochterklöstern im eigenen Mutterkloster, wo sie 1872, erst 45-jährig, nach längerer Krankheit auch ihr Grab finden wird.

3. Übernahme des Klosters Au am Inn

Weit dramatischer als bei der Gründung von Heiligenbronn erweist sich patriarchale Autorität in der Neubelebung eines alten Klosters am Inn. Das ehemalige Augustiner-Chorherrenstift liegt 160 Kilometer östlich von Dillingen im Erzbistum München und

Freising über einer Schlaufe des Inns zwischen Wasserburg und Mühldorf. Der Ortspfarrer Josef Rödle, der die einstige Klosterkirche für seine Gemeinde nutzen darf, möchte für das säkularisierte Barock-Juwel Dillinger Franziskanerinnen gewinnen. Sein Bruder Andreas ist Stadtkaplan in Höchstädt und überzeugt die dortige Oberin, Sr. Ludovika Wille, von dem Projekt eines Klosters mit Mädchenschule. Mit den beiden Rödle-Brüdern besucht sie ihre Noviziatsgefährtin und Meisterin in Dillingen am 11. November 1852, um die Gründung zu besprechen.[72] Der eine Besitzer des Klostergebäudes, ein Brauer, tritt seinen Konventstock für eine Frauengemeinschaft gern ab, während der zweite Besitzer, ein Bäcker, seinen Prälatenstock für 4000 Gulden verkaufen will. Der Pfarrer erwirbt das Gebäude umgehend mit anonymen Spenden und wendet sich am 15. November an seinen Erzbischof, Karl August Graf von Reisach. Der Münchner Oberhirte kennt das Kloster Dillingen persönlich: Als Bischof von Eichstätt hat er dieses im Herbst 1839 als päpstlich beauftragter Visitator besucht und nach tagelangem Aufenthalt sowohl das Leben der Schwestern wie »ihr segensreiches Wirken in der Schule« gelobt. Sein Dekret fordert jedoch auch strikteres Stillschweigen und eine rigidere Klausur.[73] Die junge Meisterin setzt die Anordnungen nicht wunschgemäß um, weil sie »im Innern des Klosters Friede und Frohsinn« nicht gefährden will, worauf der Visitator brieflich nachgibt, zumal »der innere Geist von der Art ist, dass er eigentlich der äußeren Schranken nicht bedürfte«. Unterdessen zum Erzbischof von München und Freising befördert, wird dieser Bischof nun aber seine Klausurvorstellungen in Au am Inn autoritär durchsetzen. Die Gründung zieht sich zunächst hin, weil das königliche Minis-

> **Wahrlich, der Mensch könnte seinem Bruder ein Engel sein.**
> *Johann Ev. Wagner*

terium im Februar 1853 eine stärkere wirtschaftliche Absicherung wünscht. Erst im folgenden November erlaubt der König, das Dillinger »Filialkloster« zu gründen und mit einem »weiblichen Erziehungsinstitut« zu verbinden. Sr. Theresia muss den sich immer patriarchaler gebärdenden Pfarrer daran erinnern, dass sie keine Kinder schicke, sondern »erprobte Klosterfrauen«.[74] Josef Rödle empört sich derart über den Ausdruck Filialkloster, dass er mit dem Rückzug der Spender droht. Erst als die Dillinger Meisterin im Hin und Her noch einmal verdeutlicht, dass ihre Rolle sich auf die Starthilfe beschränkt, und eine materielle Risikogarantie über das erste Jahr hinaus zusagt, erteilen die Bischöfe von München und Augsburg im Januar und März 1854 grünes Licht, worauf die Regierung von Oberbayern von Sr. Theresia eine Erklärung für die Verzögerung der Schuleröffnung einfordert.

Als endlich alle Hindernisse beseitigt sind und Sr. Ludovika mit einer ersten Gruppe von Schwestern an den Inn wechseln

Wasser ist Leben. Wasser hat Kraft und Energie. Wasser sucht sich seine neuen Wege. Leben auch.

könnte, instruiert der Münchner Erzbischof Ende Mai 1854 den Ortspfarrer, wie die Klausur des Klosters künftig auszusehen habe. Mauern, Gitter und rigorose Regelungen der Kontakte zwischen Pfarrgemeinde und Schwestern sowie zwischen Eltern der Schülerinnen und Lehrschwestern folgen Vorstellungen, wie sie für die kontemplativen Nonnenklöster üblich sind. Der Erzbischof lehnt selbst die Pragmatik des Ortspfarrers ab, denn Au am Inn solle »ein wirkliches Kloster« sein.[75] Zwei Jahre nach dem ersten Treffen in Dillingen beginnt im Oktober das gemeinschaftliche Leben. Gegen alles Sträuben der Schwestern wird bis Ende 1854 die strikte Klausur baulich und praktisch durchgesetzt. Die ersten Jahre werden zu einem Drama: Die Gemeinschaft leidet unter der Isolierung von der Welt, die auch zu Geldnot führt, und unter dem groben, autoritären Verhalten von Pfarrer Rödle. Junge Schwestern sterben unerwartet, so die Handarbeitslehrerin Sr. Maria Josepha Schober im Juli 1856, einen Monat später die Mitgründerin Sr. Adelheid erst 24-jährig, und im folgenden Februar eine weitere Mitgründerin, die 36-jährige Sr. Pia. Glücklicherweise kommt es in München zu einem Bischofswechsel, worauf Sr. Theresia dem neuen Oberhirten Gregor von Scherr einen ernsten Brief schreibt: Der Pfarrer habe den Tod der überlasteten und bedrängten Schwestern zu verantworten und die Situation sei so verfahren, dass es nur drei Auswege gebe: Austausch der Schwestern, ihr Rückzug oder ihr Wechsel in ein neu zu gründendes Kloster. Im Januar 1857 kommt es zu einer Begegnung der Meisterin mit dem neuen Erzbischof in München, der sie um das Belassen der Schwestern in Au bittet. Sr. Theresia betont erneut, dass es sich um ein selbständiges Kloster handle, und rät eindringlich zur Errichtung eines Pensionats und Lockerung der Klausur.

Tatsächlich lässt sich Sr. Ludovika zum Verbleiben bewegen und führt die Gründung in ruhigere Fahrwasser. Als sie 1880 mit 75 Jahren ihre Goldene Profess feiert, ist nicht nur der nächste Erzbischof von München, Anton von Steichele, Ehrengast, sondern auch ihr früherer geistlicher Direktor und Beichtvater Johannes Wagner. Der Erzbischof, der ihre Professerneuerung entgegennimmt, hat als Schüler in Dillingen ein halbes Jahrhundert zuvor ihre Einkleidung miterlebt. Sr. Ludovika stirbt im folgenden Jahr, Ende 1881, nachdem sie das Kloster Au 27 Jahre lang geleitet hat. Sie überlebt ihre Mitnovizin um knapp vier Jahre. Au am Inn entwickelt sich zu einem hochgeschätzten Schulkloster, seit 1970 auch mit Sonderschule, Tagesstätte und Heim für Kinder und Jugendliche mit Handicaps, und zu einem Mutterhaus mit Schwestern in Deutschland und Brasilien.

4. Erste Niederlassungen in Franken

In all diesen Gründungen selbständiger Klöster, die das franziskanische Charisma von tätigen Schwestern weiter über Süddeutschland ausbreiten, nimmt sich Johannes Wagner bald zurück. Er begleitet zwar Schwesterngruppen an neue Orte, überlässt die Aufgabe der seelsorglichen Begleitung in den selbständigen Klöstern dann jedoch dem neuen Superior, den jeweils der zuständige Ortsbischof ernennt. Die Goldene Profess von Sr. Ludovika in Au am Inn, zu der Wagner eine bewegende Rede hält, zeugt allerdings von der Qualität der Beziehungen, die aus der »Dillinger Zeit« weiterbestehen. Ähnliches gilt für zwei weitere Filialgründungen, die in Franken gewünscht werden. Geistliche in der Diözese Würzburg erbitten Dillinger Schwestern an den Main in die beiden Städte Lohr und Neustadt. Johannes Wagner besucht die initiativen Pfarrherren im August 1852 und sondiert die Möglichkeiten vor Ort. Auf seinen positiven Bericht hin übernimmt Sr. Theresia das Verhandeln mit den Pfarrern, den städtischen Behörden, der Kreisregierung und den Bischöfen. Im Sommer 1853 setzt sie sich mit einer persönlichen Bittschrift an den König dafür ein, dass den Gesuchen um Lehrschwestern entsprochen wird.

Ähnlich wie in Oggelsbeuren ist es in *Lohr* eine ehemalige Medinger Schülerin, Eva Deichelmann, die mit dem Unterricht für Mädchen beginnt, während zwei andere Schülerinnen die Kinderkrippe auf 150 Plätze ausbauen. Die Genehmigung des Königs lässt bis Dezember 1854 auf sich warten, und Meinungsverschiedenheiten zwischen den Bistumsleitungen in Augsburg und Würzburg verzögern die Ankunft der Schwestern bis August 1855. Erneut begleiten die Meisterin und der

> Das Mögliche wird mit Gottvertrauen angestrebt, das Unmögliche aber nicht versprochen.
>
> *Johann Ev. Wagner*

geistliche Direktor die Gründerinnen an den Main. Ab Donauwörth erleichtert die Eisenbahn die Reise. Und wie in Oggelsbeuren werden die Schwestern in Lohr vom Pfarrer und vielen Kindern freudig empfangen. Sie ziehen in ein provisorisch eingerichtetes Haus. Zwei Tage später geht die Reise per Schiff weiter nach *Neustadt*, wo Professor Johannes Wagner die festliche Messe feiert, bevor er auch hier die Schwestern dem Ortspfarrer als neuem Beichtvater und bischöflich ernanntem Superior anvertraut. Mit der Schule in Lohr entwickelt sich die Gemeinschaft so schnell, dass die Schwestern mit Stadtpfarrer Jakob Günter im März 1858 das Gasthaus »Zur Rose« kaufen und es zum Kloster mit Schule umbauen.[76]

Das gute Wirken der Schulschwestern in Lohr und Neustadt führt bereits im Februar 1856 zu einer weiteren Anfrage:
Volkach am Main bietet eine Fusion der beiden Mädchenschulen
im Rathaus und bei der Pfarrkirche an, wenn Dillingen für die
neue Schule Lehrschwestern sende. Die Meisterin bittet »sede
episcopi vacante« (bei unbesetztem Bischofssitz) das Augsburger
Domkapitel im März um grünes Licht, da ihr »Konvent bei dem
ungeheuren Zudrang von Kandidatinnen und Postulantinnen
Leute genug in Aussicht und auch schon in Bereitschaft hat«.[77]
Die königliche Regierung von Unterfranken ist dem Projekt
günstig gesinnt, da es der »Willensmeinung Seiner Majestät des
Königs entspricht, den Unterricht der weiblichen Jugend in den
Volksschulen, wo immer tunlich, religiösen weiblichen Orden zu
übertragen«.[78] Da diesmal die Bistumsleitung in Augsburg keine
Verzögerung bewirkt und der Würzburger Bischof schon zuge-
stimmt hat, muss Volkach nur noch das passende Haus einrichten.
Erneut begleitet die Meisterin die Gründergruppe im Oktober
1856 zum festlichen Empfang an ihre neue Wirkstätte. Sr. Theresia bleibt zwei Wochen in Volkach, wo ebenfalls der Stadtpfarrer und Schulinspektor Franz Förster die Aufgabe des Superiors
antritt. Die Gemeinschaft wächst schnell, übernimmt auch eine
Kinderkrippe und gründet ein Pensionat sowie ein Waisenhaus.

Ähnliches geschieht ein Jahr später in *Dettelbach*. Ende Oktober 1858 begleitet Sr. Theresia eine Lehrschwester, eine Novizin
und eine Laienschwester zur feierlichen Einführung. Alle drei
Klöster in Unterfranken werden nach gelungener Startphase in
die Selbständigkeit entlassen. Sie gründen in den folgenden Jahren eigene Filialen mit Mädchenschulen, für die Dillingen ver-
einzelt Schwestern zur Verfügung stellt.[79] Zeitgleich zu diesen
fränkischen Gründungen übernimmt Dillingen in Schwaben

neue Häuser. Im Oktober 1856 begleiten Sr. Theresia und Johannes Wagner vier Schwestern nach *Altenberg* (heute Syrgenstein). Ein Hilferuf des königlichen Landgerichts hat zur Gründung an diesem »verrufenen« Ort in einem verlotterten Schloss gedrängt, in dem die Schwestern neben der Mädchenschule auch eine Kinderkrippe einrichten.[80] *Lauingen* folgt ein Jahr später, wohin die Schwestern am Tag nach dem Franziskusfest aufbrechen, am 5. Oktober 1857.[81]

5. 50. Geburtstag

In den Wochen um den Jahreswechsel 1857/58 feiern sowohl Johannes Wagner wie Sr. Theresia Haselmayr ihren 50. Geburtstag. Damit stehen sie in ihrer Zeit schon an der Schwelle zum vierten und letzten Lebensabschnitt. Andere vitale Zeitgenossen erreichen die 50er-Schwelle nicht: So starb etwa der Dichter Friedrich Schiller 1805 in Weimar mit 46 Jahren. Für Guido Görres (1805–1852), Johannes' Münchner Studienfreund und Sohn des berühmten Professors, endet das irdische Leben mit 47, und Sr. Maximiliana Messerer (1823–1867), die Mitbegründerin des Dillinger Taubstummeninstituts, wird als 43-Jährige sterben.[82] Das Leben prägender Gestalten des Jahrhunderts lehrt Besonnene, sich mit 50 auch Gedanken über ihre Vergänglichkeit zu machen: Napoleon Bonaparte stirbt 1821 auf der Insel St. Helena gerade mal 52-jährig an einem Karzinom. Ludwig van Beethoven segnet 1827 das Zeitliche mit 57 Jahren. Auch Herrscher mit exzellenten Leibärzten sterben öfter früh: König Maximilian II., der Bayern von 1848 bis 1864 regiert, wird 53-jährig in die Gruft gesenkt. Johannes Wagner schreibt denn auch mit 52 Jahren den folgenden Merkspruch in einen Kalender: »Der Tod schärft schon die Sense und wir tändeln noch«.[83] ——>— 09 Unserem Duo, das sowohl den Dillinger Franziskanerinnen wie der sozialen Arbeit neue Felder erschließt, sind beim 50. Geburtstag glücklicherweise weitere Jahrzehnte reichen Wirkens beschieden: Sr. Theresia noch genau 20 und Johannes Wagner nahezu 30 Jahre. Seinen eigenen Eltern ist kein hohes Alter vergönnt gewesen: Mutter Kreszentia ist im März 1835 mit 54 Jahren gestorben, als ihr Sohn Kaplan in Augsburg war, und der Vater im Juni 1841 mit 68 Jahren.[84]

Wenige Tage vor seinem 50. Geburtstag erfährt der Dillinger Sozialpionier von seinem Bischof eine Ehrung, die ihn zutiefst rührt und freut. Der Augsburger Oberhirte Michael von Deinlein ernennt den »Königlichen Professor Herrn Johann Ev. Wagner« am 24. November 1857 mit einer feierlich gesiegelten Urkunde »zum bischöflichen geistlichen Rath«. Der Titel kommt höchstens acht der 1600 Priester im Bistum zu. In seiner Begründung würdigt der Bischof das vielseitige Schaffen Wagners, zunächst als »Professor der Dogmatik, Synodal-Examinator« und »Präfekt der Studienkirche in Dillingen«, und spezifisch seine Verdienste »um die Erziehung und Bildung der studierenden Jugend, ... als unermüdet thätiger Beichtvater bei den Klosterfrauen, sowie in den verschiedenen Kirchen zu Dillingen und in der Umgebung, ferner als Spiritual Unserer dortigen Corrections-Anstalt« und nicht zuletzt »in gerechter Anerkennung seiner seltenen und höchst edlen Bemühungen um die Errichtung und Erhaltung des dortigen weiblichen Taubstummen Institutes«.

Letzteres hat der geistliche Direktor gerade erst zu einer rechtlich selbständigen Institution gemacht, die dem Bischof von

Die Liebe knausert nicht!
Johann Ev. Wagner

Taufwasser im Kessel, du erinnerst an meine Berufung, du erinnerst an meine Mission: Bring die Liebe zur Welt, zu den Menschen. *(Weihwasserkessel im ehem. Refektorium im Mutterhaus der Dillinger Franziskanerinnen)*

Augsburg unterstellt ist und den taubstummen Bewohnerinnen gehört. Geleitet wird sie von drei Personen: der Meisterin der Franziskanerinnen als Personalverantwortlicher, der Oberin des Instituts, Sr. Maximiliana Messerer, und dem Regens als Käufer des Hauses, Hauptstifter und Beistand. Das Frauenkloster verwaltet das Vermögen, die Schwestern arbeiten um den Lohn des Himmels und bei der Aufnahme sollen keine Armen ausgeschlossen werden.[85]

Das Dillinger Modell einer sozialen Institution wird in den folgenden Jahren auf weitere Sozialwerke angewendet. Die bischöfliche Ehrung verleiht dem sozialen Pionier Rückenwind in der ganzen Diözese und darüber hinaus. Das Dekret schließt mit einem persönlichen Wunsch, der auch Bewunderung ausdrückt: »Wir wünschen sehr, Uns seines geistlichen Rathes in der Leitung der Diöcese zu ihrem Segen auf viele Jahre bedienen zu können«.[86] Allerdings geht dieser bischöfliche Wunsch nicht in Erfüllung, weil Michael von Deinlein im Jahr darauf als Erzbischof nach Bamberg berufen wird. Zehn Jahre nach Deinleins Tod wird Johannes Wagner immerhin die letzte seiner sieben Sozialeinrichtungen im Erzbistum Bamberg ansiedeln.

Fünftes Intermezzo

Liebe Sr. Theresia,

viele fragen sich, weshalb das Klosterleben zu deiner Zeit derart boomte – und warum Schwestern- wie Brüdergemeinschaften sich heute so krass auf dem Rückzug befinden. Historiker sprechen mit Blick in deine Zeit von einem Frauenüberschuss infolge all der Kriege, von großen Familien und mangelnden beruflichen Perspektiven für die jüngeren Kinder und von gut versorgtem Leben hinter Klostermauern. Letzteres mag für die alten Orden zutreffen. Doch den größten Boom habt ihr Schwestern in den Kongregationen erlebt. Deine Gemeinschaft ist ein überragendes Beispiel dafür: Am Rand des Aussterbens, wächst sie in wenigen Jahren rasant und übernimmt eine Reihe aufgehobener oder sterbender Klöster anderer Orden, gründet Filialen in Dörfern und Städten und expandiert in verschiedene Gebiete Süddeutschlands. Die lokalen Gemeinschaften haben einen Altersdurchschnitt, von dem heutige Klöster in Europa nur träumen können. Was macht euren »Erfolg« aus?

Tätige Franziskanerinnen haben sich nicht zu kontemplativem Leben in geschlossene Klöster zurückgezogen. Bis in meine Tage haben deine Schwestern sich gut ausgebildet pädagogisch oder sozial-karitativ betätigt, gemeinsam Lebensräume für Benachteiligte geschaffen und dabei viel Kreativität entwickelt. Damit habt ihr im 19. Jahrhundert die erste große Welle der katholischen Frauenemanzipation mitbewirkt. Während Scharen unverheirateter Frauen als Dienstmägde fremden Herren unterstellt waren und Ehefrauen dem eigenen Gatten, habt ihr euch in eigenständigen Gemeinschaften profiliert, euch beruflich qualifiziert und weitergebildet, Verantwortung für Schulen und soziale Werke übernommen und euer Leben auch kirchlich eigenständig bestimmt. Dein eigenes Leben, Sr. Theresia, ist dafür ein gutes Beispiel: Du schafftest den Weg von der Dienstmagd zur Lehrerin, wurdest Meisterin und Generaloberin! Wen wundert's, dass euer Leben und Wirken so anziehend wurde für Frauen, die Attraktiveres suchten als die Unterordnung unter patriarchale Macht, sei es in fremdem oder eigenem Haus?[87]

Eure erste Welle der katholischen Frauenemanzipation hat im Lauf des 20. Jahrhunderts auch zur weltlichen Frauenemanzipation beigetragen: Sowohl in sozialen wie in pädagogischen Berufen, mittlerweile auch in Politik und Seelsorge können Singles und verheiratete Frauen bestens ausgebildet vielfältige Verantwortung übernehmen und sich beruflich profilieren. Im Zeichen der individuellen Freiheitsliebe und der individualistischen Selbstverwirklichung von heute riecht religiöses Gemeinschaftsleben nicht mehr nach jenem Profil und jener Freiheit, die ihr damals in eurer Zeit gefunden und gewählt habt.[88]

Und doch gäbe es sie auch heute, in neuer Form: eine in mehrfachem Sinn außergewöhnliche Freiheit gerade in der franziskanischen Lebenskunst von Gemeinschaften! Die klimabewegte Jugend ruft nach einem sorgsamen Umgang mit der Mitwelt: Wir Schwestern und Brüder leben Einfachheit und Schöpfungsliebe seit Jahrhunderten. Die heutige Politik leidet unter Fremdenangst und nationalem Egoismus: Wir erleben seit jeher den Reichtum im Zusammenleben verschiedener Kulturen und eine Geschwisterlichkeit ohne Grenzen. Der ökologische Fußabdruck Europas gefährdet die Zukunft neuer Generationen – unsere Lebenskunst findet das Erfüllende nicht in materieller Verschwendung. Auch beruflich bietet unser Charisma Wege mit Profil. Wäre ich wie drei meiner Geschwister Volksschullehrer geworden, würde ich mit

Familie oder Partnerin sesshaft in einem Dorf leben. Als Franziskaner und Hochschullehrer bietet meine Gemeinschaft mir eine
Bewegungsfreiheit, die mich beruflich schon bis Thailand, in den
Amazonasurwald und auf die Insel Madagaskar führte. Dabei erfüllt sich, was Jesus im Evangelium (Markus 10 und Matthäus 19)
zusagt: Wer seinetwegen auf ein eigenes Haus und Familie verzichte, finde hundertfach Häuser, Äcker und Geschwister. Das ist
auch die Erfahrung von Schwestern, die ihr ganzes Leben in Werken der Regens-Wagner-Stiftungen oder in Schulgemeinschaften
verbracht haben: hundertfach Geschwister und Kinder erhalten
zu haben! Liegt das Problem unserer Gemeinschaften heute darin, dass viele Menschen die Verzichte unserer Lebensweise sehen,
nicht aber den Gewinn?

Bei aller Nachdenklichkeit glücklich über die Tiefe und Weite, die
du und ich auf unserem Weg je eigen erfahren,
Niklaus

Mein Intermezzo

VI
Die Generaloberin und der Regens

In den 1860er-Jahren sehen sich sowohl Sr. Theresia Haselmayr wie Johannes Wagner neuen Herausforderungen gegenüber. Die Meisterin wird durch eine wachsende Zahl von Gründungen außerhalb ihres Bistums zur Generaloberin. Der Dillinger Dogmatikprofessor wird von seinem Bischof ein weiteres Mal in eine neue Aufgabe gedrängt und als Regens des Priesterseminars Ausbildungsleiter für künftige Seelsorger weit über sein Bistum hinaus.

1. Die Meisterin wird Generaloberin

Im Herbst 1867 wird Sr. Theresia in einem Schreiben der Würzburger Bistumsleitung erstmals »Generaloberin« genannt. Es geht um die »Erhebung des Filialklosters der Franziskanerinnen zu Wipfeld zu einem eigenständigen Konvent«, wie es das Gesuch aus Dillingen überschreibt, unterzeichnet mit »M. Theresia Haselmayr O.S.Fr. z.Z. Oberin«. Der Generalvikar lehnt das Ersuchen ab und teilt dem Ortspfarrer mit, »daß die oberhirtliche Stelle außerstande ist, der vorgetragenen Bitte zu entsprechen, da die Erhebung des Filialklosters zu Wipfeld zu einem Mutterhause ohne Nachweis einer hinreichenden Fundation nicht möglich ist«.[89]

Bisher hat die Meisterin bei neuen Tochtergründungen bischöfliche oder staatliche Forderungen nach wirtschaftlicher Absicherung auf die franziskanische Spiritualität verwiesen, die

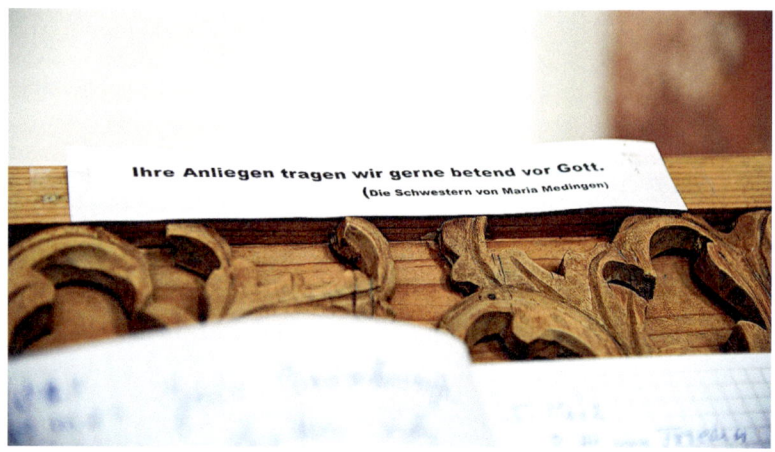

Wissen, wofür man lebt. Wissen, wozu man lebt.
Wissen, für wen man lebt.

ohne Planungssicherheit auskommt: Die Schwestern werden am neuen Ort arbeiten und tatkräftig zupacken, ihren Lebensunterhalt verdienen, ihr pädagogisches Schaffen mit Schul- und Pensionsgeld finanzieren und bei ihren sozial-karitativen Werken auf zusätzliche Spenden vertrauen. Tatsächlich ist die Leitung der Dillinger Schwestern in den 1860er-Jahren nun zu einem Strategiewechsel gezwungen: Sind bis dahin Klostergründungen oder -übernahmen außerhalb des eigenen Bistums nach einer kurzen Startphase selbständig geworden, muss Sr. Theresia nun Filialen akzeptieren, die unter anderen Bischöfen weiterhin dem Mutterhaus anvertraut sind. Dieses bleibt dadurch personell, wirtschaftlich, rechtlich und politisch verantwortlich. Um die jeweilige Ortsoberin von der Oberin des Mutterklosters zu unterscheiden, sprechen erste bischöfliche Stellen nun von der Generaloberin.

Das im Schreiben des Generalvikars genannte Kloster *Wipfeld* liegt unweit von Volkach am Main. Im Herbst 1863 sind drei Schwestern und eine Kandidatin dorthin gezogen, je eine aus Dil-

lingen, Dettelbach und Volkach, begleitet von der Meisterin. Auf
der Fahrt in den Norden Bayerns ist der Wagen umgestürzt, die
»liebe geistliche Mutter« ist im Gesicht übel zugerichtet worden.
Nach zwei Tagen Erholung im nahen Pfarrhaus von Reimlingen
ist Theresia Haselmayr dann zu den bereits feierlich eingeführten
Schwestern gestoßen. Das Mutterkloster betrachtet die fränkischen Gründungen als selbständige Klöster, die ihrerseits neue
Kandidatinnen aufnehmen und in Eigeninitiative andernorts
Schulen oder Kinderkrippen übernehmen. Bei personellen oder
materiellen Nöten ist Sr. Theresia bereit, den Tochtergemein-
schaften Hilfe aus dem Mutterhaus zukommen zu lassen, wie
das auch in Familien zwischen Eltern und erwachsenen Töch-
tern geschieht. Die Gründungen in Lohr, Volkach und Neustadt
wollen auch staatlich als unabhängig anerkannt werden, was das
Staatsministerium jedoch 1863 ablehnt. Der Augsburger Bischof
verbietet darauf die Gründung weiterer Häuser außerhalb der
Diözese und erklärt Dillingen zum einzigen Noviziatsort. Ende
1864 vereinbaren die beiden Bistumsleitungen in Augsburg und
Würzburg, dass die fränkischen Gründungen von Dillingen los-
gelöst werden sollen. Die kleinen Filialen am Main sollen einem
der drei Klöster Lohr, Volkach und Dettelbach unterstellt werden,
die eigene Noviziate führen dürfen. 1867 möchte auch Wipfeld
selbständig werden. Die staatlichen Behörden jedoch untergra-
ben diese Politik definitiv. Ende Januar 1874 erklärt schließlich
der Augsburger Generalvikar die Autonomie aller fränkischen
Gründungen für beendet. Damit werden die Gemeinschaften am
Main nun nach Jahren vollumfänglich zu direkten Filialen des
Mutterklosters, weil »mittlerweile von Seiten der weltlichen Stellen … selbst Gefährdungen« der einzelnen Standorte zu fürchten
seien.[90]

2. Der Professor wird Regens

Während Sr. Theresia damit überregional als »Generaloberin«
für ein immer komplexeres Netz von Gemeinschaften direkt
verantwortlich ist, erfährt Johannes Wagner die überraschende
Beförderung zum Regens des Dillinger Priesterseminars. Stärker
noch als bei seiner Ernennung zum Professor ringt er mit seinem Wunsch, doch noch Dorfpfarrer zu werden und ein einfacher Seelsorger mitten im Volk zu sein. Am 24. April 1863 hat
Bischof Pankratius von Dinkel ihm brieflich mitgeteilt, dass er
sich ihn als Nachfolger von Regens Franz Joseph Heim wünsche.
Dieser darf nach sechs Jahren in die Ulrichspfarrei nach Augsburg wechseln. Den Wunsch des Bischofs, der die Diözese seit
fünf Jahren leitet und der den Professor bei der Einkleidung wie
auch bei der Profess der Fugger-Gräfin Bertha erlebt hat, wagt
Johannes weder zu enttäuschen noch kann er ihn sogleich erfüllen. Während der Bedenkzeit klagt er am 8. Mai einem Freund:
»Unser lieber hochwürdigster Bischof hat den Gedanken, mir die
Regentie zu übertragen! Ach Gott – ich ein Regens! Es versteht
sich, dass ich dieses schwere verantwortliche Amt von mir abzu-
wenden suche durch alle Mittel, die einem Bischof gegenüber an-
wendbar sind«.[91] Unter den Bedenken, die er dem Bischof darlegt,
nennt er mangelnde »wissenschaftliche und moralische Tüchtig-
keit, Charakterfestigkeit und Autorität, Klugheit und praktischen
Sinn«. Pankratius von Dinkel antwortet am 10. Mai, es seien »die
Eigenschaften des Geistes und des Herzens …, nach denen ich in
erster Linie suchen muss, wenn ich meine geistliche Pflanzanstalt
gut bedenken will«. Er sagt dem Zögernden zu, ihm als Mose einen ökonomisch versierten Aaron an die Seite zu stellen und ihm
die Verantwortung für das Taubstummeninstitut wie auch jene

als »geistlicher Vater« der Dillinger Franziskanerinnen zu belassen. Als einen Monat später noch immer keine Antwort den Weg nach Augsburg findet, fordert der Bischof —➤ 10 ihn Mitte Juni zu einem klaren Ja oder Nein auf. Auf Johannes' Einlenken hin macht der Oberhirte die Ernennung am 22. Juni definitiv.

Die Chronik der Franziskanerinnen spiegelt die Sorge, ihr Beichtvater und Begleiter werde ihnen in der neuen Verantwortung genommen: »Für uns war diese Ernennung ein schwerer Schlag, da wir ihn zu verlieren fürchteten«. Die Chronistin lässt das Aufatmen im Großen Kloster spüren: »Es stand uns ein Verlust wohl recht nahe bevor, aber auf unsere dringenden Bitten änderte der Hochwürdigste Bischof wieder seinen Entschluss; doch darf Hochw[ürdiger] Herr Beichtvater nun nicht mehr, wie bisher, bei uns täglich die hl. Messe feiern, und es fällt auch leider der Vortrag nach derselben weg«. Letzteres kompensiert Johannes Wagner teilweise, indem er den Schwestern künftig montags und mittwochs einen spirituellen Abendvortrag zusagt.[92] Tatsächlich wird er nach Möglichkeit auch an den Sonntagabenden einen Vortrag halten, während er als Regens die tägliche Messe morgens mit den Seminaristen feiert.

Der Bischof reist nach Dillingen und weilt vom 31. Juli bis 10. August 1863 in der Stadt. Dabei regelt er auch die Zuständigkeiten zwischen dem 22 Jahre jüngeren Subregens Klemens Bach und dem neuen Regens. Letzterer soll betrieblich die Küche und das Personal unter sich haben, der Subregens das Bauliche und Infrastrukturelle sowie die entsprechenden Einkäufe. Die Einführung ins Amt findet zum Ende des Studienjahres am 31. August statt. Der Regens zieht zwei Tage später ins Seminar ein, wo zwei Monate Zeit bleiben, bis am 30. Oktober auch die Alumnen für das neue Studienjahr erwartet werden.

3. Das »bestgeleitete Priesterseminar Deutschlands«

Bereits als junger Präfekt hat Johannes Wagner sechs Jahre lang
für das Wohl der Priesterseminaristen gesorgt und schnell ihre
Liebe gewonnen. Auch während seiner 21 Jahre in der Lehrtätigkeit als Professor ist er dem Seminar verbunden geblieben. Zudem haben ihn Alumnen als Ratgeber und Beichtvater gesucht,
womit er weit über den Lehrbetrieb am Lyzeum hinaus mit der
Lebens- und Gefühlswelt junger Studierender vertraut geblieben
ist. Bald von seinen Seminaristen liebevoll »Rexle« genannt, begegnet er den jungen Männern brüderlich. Er spricht sie nicht
wie bisher üblich als »Herren Alumnen«, sondern als »Brüder«
an.[93] Die klar vorgegebene Tagesordnung versieht er mit Varia-
blen, die je nach Tag, Wetter und Bedarf veränderlich und ver-
handelbar sind. Das leibliche Wohlbefinden soll den Boden legen

**Der Demütige wundert sich
nicht über seine Fehler.**
Johann Ev. Wagner

für ein gesundes seelisches und geisti-
ges Wachstum. In Erinnerung an seine
eigenen Studienjahre sucht er den jungen Studenten sowohl die Freiheit wie
den Ernst dieser Lehrzeit aufzuzeigen. Jede Ausbildungsphase
bietet einzigartige Freiräume und Chancen, die es zu nutzen gilt.
Er selbst notierte als Alumnus einst: »Streu ich guten Samen in
die Furchen der Zeit, so werde ich einst Segen ernten«, doch was,
»wenn ich diese Tage der Aussaat versäume oder Unkraut säe«?[94]

Als Regens unterstützt er das Studium und sucht ihm beste
Rahmenbedingungen zu schaffen, doch ebenso wichtig ist ihm
die spirituelle Reifung der Seminaristen. Impulse für das eigene
Beten und Betrachten weisen den Weg zu persönlicher Innerlichkeit und lebendiger Gottesbeziehung. Er selbst wird als be-
tender und geselliger Mensch erlebt, ein Vorbild mit überaus

Was lehre ich? Was verkünde ich? Was lebe ich? Jesus, den Christus?
Göttliche, menschliche Liebe! *(Historische Kanzel aus dem Dillinger
Priesterseminar, heute im Speisesaal des Priesterseminars in Augsburg)*

bescheidener Lebensweise und von humorvollem Ernst, ar-
beitsam, ehrlich, liebevoll und entgegenkommend. Menschlich
ungeeignete Kandidaten für das Priesteramt lässt er so aus dem
Seminar aussteigen, dass ihre Zukunft nicht verbaut wird. Die
Eucharistiefeiern an Sonn- und Festtagen verbindet er mit kurzen spirituellen Vorträgen zum Tagesevangelium, die herzbewe-
gend und lebenspraktisch sind. Monatliche Kolloquien schlagen
Brücken zwischen den Studienfächern und dem künftigen pries-
terlichen Wirken. Mit Exerzitien bereitet er die jungen Männer
auf neue Studienjahre und Weihen vor. Wünscht ein Seminarist
Gastsemester an der Universität München zu verbringen, findet
er beim Regens Verständnis und Unterstützung.

Unter Wagner verbreitet sich der Ruf Dillingens, über »das
bestgeleitete Seminar von ganz Deutschland« zu verfügen, wie

es der Würzburger Dogmatiker und vielgelesene Autor Franz Hettinger ausdrückt, als er einem Studenten zum Wechsel an die Donau gratuliert.[95] Selbst Theologen aus der Schweiz zieht es nach Dillingen, und Kapuziner wie Benediktiner schicken junge Brüder zum Studium hierher. Ihnen allen soll der Bischof ebenso wie den eigenen Seminaristen das Kostgeld möglichst tief halten und ein kostenloses Frühstück anbieten. 1867 erreicht das »Rexle« in beharrlichen Verhandlungen gar, dass Alumnen der eigenen und anderer Diözesen »volle frei Verpflegung auf Kosten des Seminarfonds« erhalten, sodass die Eltern ihre Sorge auf die anderen Lebensbedürfnisse und Schulbücher beschränken können. Auch für den Kauf der Talare gibt das Seminar für jeden neuen Zögling 25 Gulden und alle Alumnen sollen mittags und abends kostenlos je eine halbe Maß Bier erhalten.[96]

Die Zahl der Seminaristen steigt in der Ära Wagner von 23–30 in den ersten drei Jahren auf über 50 im bewegten Jahr des Ersten Vatikanischen Konzils 1870. Die Belegung des Hauses erreicht in den letzten zehn Jahren des Regens Spitzenwerte von über 80 und 90 Studenten. Im gesamten Zeitraum von 1863 bis 1886 begleitet Johannes Wagner als Regens 1289 Priesteranwärter. Das sind jeden Herbst rund 50 neue Seminaristen. Einen jeden sucht er im Laufe seiner Ausbildung auf dem eigenen Weg zu begleiten.[97]

Am 5. Juni 1883 wird das »Rexle« zum Goldenen Jubiläum seiner Priesterweihe ⟶ 11 von aktuellen und früheren Alumnen mit einem Fest überrascht. Organisiert vom Seminarinspektor Johann Georg Weinhart, würdigt der Benediktiner Hermann Koneberg als Festprediger die 50 Jahre vielseitigen Wirkens als Priester, führen die Studenten beim Mittagessen eine eigens gedichtete und komponierte Festkantate auf, feiern 200 Geistliche des Bistums mit und spendet der Augsburger Klerus 4500 Mark[98] für Wagners soziale Werke. Im Vorfeld hat die Stadt Dillingen dem verdienten Jubilar das Ehrenbürgerrecht verliehen.[99]

4. Schlösser für Menschen mit Beeinträchtigung

Wie es Bischof Pankratius von Dinkel versprochen hat, bleibt der Regens auf Wunsch der Schwestern weiterhin Beichtvater im Frauenkloster und auch direkt verantwortlich für das Taubstummeninstitut in Dillingen. Obwohl er durch die neue Leitungsaufgabe in der Ausbildungsstätte des Bistums wesentlich stärker gebunden ist als zuvor im Professorenamt, entfaltet Johannes Wagner seine Tatkraft im karitativen Feld in erstaunlichem Maß weiter. Zur Gründung der ersten Sozialeinrichtung in Dillingen selbst kommen ab 1869 nicht weniger als sechs neue in anderen Gemeinden und Regionen hinzu. Den Anfang setzt die Gründung eines Lebenszentrums für Mädchen und Frauen mit körperlichen und geistigen Handicaps. Den Anstoß geben Eltern, die Kinder mit einer geistigen Behinderung im Institut für Taubstumme unterbringen wollen. Wo solche Kinder ihre Eltern überfordern, werden sie damals in weiten Teilen Deutschlands ohne jede Förderung in Armenhäusern oder Spitälern versorgt. Viele werden als »Kretinen«[100] verspottet, auch aus Scham versteckt und sogar in »Narrenkäfigen« oder im Stall gehalten. Auch religiöse Vorstellungen tragen zur Ausgrenzung bei: Körperliche oder geistige Behinderung wird mit Schande, Strafe Gottes oder Verhexung verknüpft. Regens Wagner wie auch tragende Schwestern im Taubstummeninstitut kommen zur Überzeugung, dass solche Kinder in einem eigenen Zentrum aufgenommen, als

Kinder Gottes behandelt und ihren Möglichkeiten entsprechend
gefördert werden müssen. Einen ersten kleinen Ansatz dazu
bietet Pfarrer Josef Probst von Altmühldorf, der 1852 mit sieben
»verstand- und vernunftarmen Kindern« auf dem Ecksberg bei
Mühldorf in das verlassene Priesterhaus neben der Wallfahrts-
kirche einzieht.[101]

Um auch Menschen mit Handicaps aus der Region Dillingens zu fördern, begibt sich der Regens im Jahr 1869 auf »Her-
bergssuche«. Fündig wird er im Fuggerschloss zu *Glött*, das zwölf
Kilometer südlich der Stadt liegt. Fidel Ferdinand Fugger hat
seinen Wohnsitz nach Dillingen verlegt, seine Tochter Bertha
ist als Sr. Hildegard ins dortige Frauenkloster eingetreten, und
ein Bankrott seiner Bank lässt ihn und seinen Bruder die Güter
in Glött für 25 000 Gulden veräußern. Die im April begonne-
nen Verhandlungen führen Anfang Juli zum Kauf des Schlos-

Visionen brauchen Strategien. Träume brauchen Strukturen.
Barmherzige Menschlichkeit braucht einen realistischen Finanzierungsplan. *(Ökonomiebuch von Johann Ev. Wagner)*

ses. Dazu steuert Johannes Wagner selbst 12 000 Gulden bei[102] und finanziert den Rest mit einer zweiten Fundraising-Aktion. Diesmal sollen seine Mitbrüder, die Pfarrer des Bistums, nicht Aktien kaufen, sondern das dringlich notwendige Sozialwerk durch Spenden von 10–15 Gulden unterstützen. Christus begegne ja mitten unter Schutzlosen und Bedürftigen, seinen liebsten Geschwistern, sagt die

> **Mehrere stehen zusammen, dann geht es!**
> *Johann Ev. Wagner*

Weltgerichtsrede des Evangeliums. Von den 42 000 Gulden, die der Spendenaufruf ——> 12 einbringt, stammen vier Fünftel vom Klerus und 800 Gulden von Ludwig II., dem oft unterschätzten »Märchenkönig«. Als fachkundiges Personal will Johannes Wagner in der Pflege erfahrene Barmherzige Schwestern von München gewinnen, doch macht sich die Dillinger Meisterin dafür stark, dass ihre Schwestern sich auch in diesem Neuland engagieren und sich dafür qualifizieren.

Bereits Mitte September kann das Schloss mit elf Mädchen bezogen werden, nachdem der Staat das Projekt am Tag zuvor genehmigt hat. Die Leitung zu übernehmen ist jene Sr. Hildegard bereit, die als Gräfin Fugger von Glött vor zehn Jahren Franziskanerin geworden ist.[103] Sie zieht als sorgsame Schwester der sozial Schwächsten in das Schloss zurück, in dem sie selbst eine glückliche Jugend verbracht hat. Mitschwestern übernehmen den Haushalt, die Pflege und die Förderung der Kinder. Wirtschaftlich stützt sich die Einrichtung unter anderem auf »Einkaufsgelder«[104] bei lebenslanger Unterbringung, Arbeit in Haus, Werkstätten, Garten und Landwirtschaft sowie auf staatliche Zuschüsse und Spenden. Als pädagogische Pionierleistung erweist sich die Aufteilung der Kinder in drei Gruppen: »Die etwas lernen können, müssen etwas lernen. Die Nützliches thun können, müssen es thun, die aber das nicht können, seien unsere Allernächsten, denn sie sind der Hilfe am meisten bedürftig«.[105] Diese individuelle Sicht auf den Menschen bildet in Glött organisatorisch eine Heilabteilung, eine Beschäftigungsabteilung und eine Pflegeabteilung aus. Die differenzierte Förderung wird bald modellhaft weit über Schwaben hinaus.[106] Der Tag fügt Arbeit, Gebet, Essen und Freizeit zu einem ausgewogenen Ganzen, sodass die Kinder »fröhlich und gesund« leben.

In den ersten acht Jahren sieht sich die Einrichtung durch 200 Aufnahmegesuche aus Schwaben, Oberbayern, Baden, Preußen und Hamburg überrascht. Die Platzverhältnisse erlauben es, 120 davon zu entsprechen. Aufgenommen werden Kinder katholischer, evangelischer und jüdischer Eltern. Der letzte Bericht aus Wagners Zeit führt für das Jahr 1886 97 Zöglinge im Alter zwischen fünf und 63 Jahren auf, die von zehn Schwestern, drei Ordenskandidatinnen und zwei weltlichen Helferinnen betreut werden. Sr. Theresia Haselmayr und ihre Nachfolgerin stellen dazu pädagogisch geschickte junge Schwestern zur Verfügung.

Bei allen Pflichten im Seminar unterlässt es der Regens nicht, die Kinder und Frauen im Schloss Glött zu besuchen und die innovative Schwesterngemeinschaft zu unterstützen. Sr. Mathilde Ullrich erinnert sich, wie »gar oft« der Stifter »seine neue Pflanzung« besuchte. An einem Wintertag wurde es so spät, dass er sich

> Das religiöse Bekenntnis bildet kein Hindernis hinsichtlich der Aufnahme.
>
> *Johann Ev. Wagner*

im Dunkeln auf den Rückweg machte: »Er verirrte sich im sogenannten ›Donauried‹ und wäre beinahe erfroren. Er irrte die halbe Nacht darin umher und kam gegen Morgen nach Gundelfingen [zehn Kilometer westlich von Dillingen]. Doch der liebe Gott schützte ihn auffallend, so daß er zwar sehr von der Kälte erstarrt, doch noch am Leben, am Morgen des andern Tages nach Hause kam«.[107]

Während sich Glött ermutigend entwickelt und von vielen Anfragen überrannt wird, reift im Regens und in den Schwestern die Überzeugung, dass sowohl für Menschen mit einer Hörschädigung wie für solche mit einer geistigen oder mehrfachen Beeinträchtigung regionale Zentren gegründet werden müssen. Den Schritt über Schwaben hinaus macht 1872 der Kauf des Schlossguts *Zell* bei Hil-

> **Der Konvent erklärt sich mit Vergnügen bereit, den Unterricht der taubstummen Mädchen ... zu übernehmen.**
>
> *Sr. Theresia Haselmayr*

poltstein in der damaligen Oberpfalz. Regens Wagner reist in den Fastnachtstagen 100 Kilometer in die Gegend südlich Nürnbergs, besichtigt das leerstehende Gut und kauft es Mitte März für 8888 Gulden, um hier ein zweites Taubstummeninstitut zu gründen. Sr. Theresia sagt auch dafür Schwestern zu. Ende April ziehen Sr. M. Juliana Habet und Sr. M. Bibiana Martin mit neun taubstummen Frauen ins trostlose Schlossgut ein, das aus zwei Häusern und über sechs Tagewerk Land besteht. Drei Monate später kauft der Regens das angrenzende Anwesen und lässt die Gebäude abreißen, um eine Scheune zu bauen und auch dieses Werk mit einer kleinen Landwirtschaft und einem Gemüsegarten zu versehen. Er gewinnt die Regierung der Oberpfalz für das soziale Projekt, sodass die offizielle Eröffnung am 10. September 1872 erfolgen kann. Die Dillinger Meisterin reist drei Tage zuvor mit drei Schwestern, weiteren taubstummen Mädchen und einer Kandidatin zur Vorbereitung dieser Feier an.

Bereits vier Jahre später müssen neue Räume geschaffen werden. Ein Neubau verbindet die beiden Häuser und beherbergt einen Speisesaal, Schlafsaal, zwei Schulräume und eine Hauska-

pelle. Johannes Wagner wird wie schon in den beiden Sozialeinrichtungen von Dillingen und Glött als Stifter zum Bauherrn und
legt den Weg dorthin öfters zurück. Dabei gilt seine Sorge nicht
nur den Schutzbedürftigen, sondern auch den Schwestern. Damit diese ihre Spiritualität leben und Gottesdienst feiern können,
bringt er ihnen im Herbst 1872 eigenhändig Messbuch, Kelch und
Ciborium für die Kapelle nach Zell. Der stundenlange Marsch
strapaziert ihn derart, dass er nach der Ankunft erschöpft zu-
sammenbricht.[108] Auch das Zeller Projekt kombiniert die Schule
mit einem Wohnheim. Arbeit in Landwirtschaft, Garten und
Paramenten-Atelier erlaubt es, die Gründung selbsttragend zu
machen, worauf es 1878 die staatliche Anerkennung als Stiftung
erhält. Bei Wagners Tod 14 Jahre nach der Eröffnung leben elf
Schwestern sowie 60 taubstumme Mädchen und Frauen in Zell.[109]

5. Schwestern im Kriegseinsatz

Als es im Sommer 1870 zum deutsch-französischen Krieg kommt,
der das Ende des französischen und den Aufstieg des preußi-
schen Kaisertums besiegelt, wagt sich Sr. Theresia Haselmayr mit
ihrer Kongregation in das Neuland des Lazarettdienstes in fremdem Land. Der preußische Kronprinz führt die Südarmee, zu
der bayerische Truppen gehören. Am 24. Juli ruft die königliche
Regierung Unterfrankens neben anderen Ordensgemeinschaften
auch die Oberin von Dettelbach auf, »die Pflege der im Krieg
verwundeten oder erkrankten Krieger ins Auge zu fassen«. Die
Schwesternkongregationen, »welche sich die Übung der christlichen Caritas zur Lebensaufgabe gesetzt haben, werden, wie nicht
zu bezweifeln, freudig den sich bietenden Anlaß ergreifen« und

»als wahre Helferinnen in der Not« auftreten.[110] Das Schreiben verbindet Patriotismus mit einer heute schwer nachvollziehbaren Kriegsfreude. Sr. Marcellina Wiedemann sagt drei Dettelbacher Schwestern zu und setzt sich mit dem Mutterhaus in Verbindung. Im Kleinen Kloster werden umgehend Schwestern durch den Bezirksarzt auf den Einsatz vorbereitet. Die Dillinger Klosterchronistin spiegelt, mit welcher Spannung die blutigen Kämpfe im August und die Gefangennahme Napoleons III. Anfang September von den Schwestern verfolgt werden. Angesichts der

> Was wir nicht verhindern können, müssen wir Gott überlassen.
>
> *Sr. Theresia Haselmayr*

hohen Zahl Verwundeter werden am 14. September sechs Freiwillige mit dem Segen der Meisterin und des geistlichen Direktors nach Speyer entsandt. Dort kommen die Lehrerinnen in einem improvisierten Lazarett aus Baracken zum Einsatz, werden jedoch nach zwei Tagen wegen fehlender Erfahrung in der Pflege als Gruppe geschlossen nach Dillingen zurückgeschickt.

Als am 12. Oktober ein neues Telegramm um Schwestern für Lazarette in Frankreich ersuchte, wählen die Meisterin, der Bezirksarzt und der geistliche Direktor in Dillingen fünf Schwestern und eine Novizin aus, die längere Erfahrung in Krankenpflege mitbringen. Sie reisen über München, wo 17 weitere Schwestern anderer Kongregationen dazustoßen, ins französische Corbeil-Essonnes an der Seine. 30 Kilometer südlich von Paris werden sie im zentralen Militärkrankenhaus eingesetzt, in sechs Lazaretten mit 1400 verletzten oder typhuskranken Soldaten. Die Dillinger Schwestern kommen in Zweiergruppen zum Einsatz, wohnen in einem Gasthaus und lassen sich im wochenlangen Dienst strapazieren. Um die Ansteckungsgefahr zu verringern, erhalten die Schwestern zusammen mit Schwestern aus

Speyer eine eigene Unterkunft mit Küche. Mitte Dezember treffen so viele neue Verwundete in Corbeil ein, dass die Hoffnung auf Weihnachten zu Hause schwindet.

An Heiligabend 1870 schreibt Sr. Sebastiana Ruf an die Meisterin und »liebe geistliche Mutter« einen Brief, in dem auch der Regens als »unser lieber geistlicher Vater« erwähnt wird: »Wir sitzen fünf am Tische; M. Edeltrudis [Wöhrle] näht, M. Elisabeth [Raith] und Columba [Schwaiger] beten, M. Bibiana [Martin] und ich schreiben, aber die liebe Fabiana liegt neben uns im Bett und atmet und seufzt, sie redet wenig und leidet mit großer Geduld«.[111] Die 26-jährige Novizin Fabiana Hurler ist an Typhus erkrankt, stirbt noch in der Heiligen Nacht und findet ihr Grab auf dem Soldatenfriedhof von Corbeil. Sr. Edeltrudis kehrt am 12. Februar 1871 mit einer Brustfellentzündung vorzeitig zurück. Die anderen vier Schwestern treten die Heimreise nach dem Fall von Paris und dem Vorfrieden von Versailles Ende Februar an. Der Feldgeistliche Carl Hofmann gibt ihnen einen Brief mit, der für den aufreibenden Einsatz dankt: Die vier Schwestern seien noch »brav und unschuldig« wie bei ihrer Ankunft. »Was sie geleistet haben in den vier schrecklichen Monaten ihres Spitaldienstes, das ... werden Ihnen hoffentlich die Soldaten erzählen, die unter der liebevollen Pflege dieser Schwestern geheilt in ihre Heimat zurückkehren konnten«. Beim ebenso ehrenvollen wie freudigen Empfang im Mutterhaus am Abend des 4. März tragen Mitschwestern folgende Verse vor:

O seid willkommen uns von Herzen
Ihr Heldinnen, an Liebe reich!
Wir sahen scheiden Euch mit Schmerzen
Und beteten recht oft für Euch.

Doch heute schwinden Angst und Sorgen
Wie Nebel vor dem Sonnenstrahl;
Ihr ruht ja wieder gut geborgen
Am Mutterherzen allzumal.

Fünf Monate sind nun entschwunden,
Seit Ihr zur Reise in die Fern
Euch habt zusammen schnell gefunden,
zu wirken mit der Kraft des Herrn …

Ja, Eure Werk' sind Heldentaten,
Weil heil'ge Liebe sie durchglüht.
Kein Wunder, dass auf solche Saaten
Das Auge Gottes freudig sieht.

Dieses 26 Strophen zählende Gedicht von Sr. Paulina Graf an
die liebevoll empfangenen »Schwesterchen« kommt auf die
Meisterin zu sprechen, deren »Blick verkläret heute von Mutter-
lieb und süßer Wonn!«, und fährt mit Blick auf Johannes Wagner fort: »Und auch des Vaters Blicke strahlen, / und auch sein
Herz schlägt tiefgerührt, / weil Gottes Huld und Wohlgefallen /
Euch hat gesund zurückgeführt«.[112] Briefe ———> 13, welche die
beiden nach Corbeil gesendet haben, zeugen von ihrem Hoffen
und Bangen. Und die Figur des Jesuskindes, welche die Meisterin den Schwestern zum Weihnachtsfest ins 660 Kilometer
entfernte Lazarett an der Seine schickte, unterstreicht ihre müt-
terliche Verbundenheit. Eine Woche nach ihrer Rückkehr stirbt
Sr. Elisabeth Raith, fünf Jahre nach ihrer Profess, an den Folgen
des Lazaretteinsatzes. Tags darauf feiert Dillingen das Friedens-
fest nach ausgestandenem Krieg, der insgesamt drei Millionen

Soldaten mobilisiert hat und den 184 000 von ihnen nicht und
233 000 verwundet überlebt haben.

6. Der Regens im Kulturkampf

Über dem Dillinger Priesterseminar und der Hochschule ver-
dunkelt sich der Himmel in diesen Jahren des deutsch-französischen Krieges auch aus anderen Gründen. Wenige Tage bevor in
Frankreich und Rheinpreußen die Kanonen donnern, stimmen
die Bischöfe des Ersten Vatikanischen Konzils Mitte Juli 1870
für die Unfehlbarkeit des Papstes. Die umstrittenen Konzilsbe-
schlüsse polarisieren in Klerus und Kirchenvolk zwischen liberal
Gesinnten und weiterhin Papsttreuen. Eine Folge dieser Zer-
reißprobe ist nördlich der Alpen die Abspaltung der altkatho-
lischen Kirche, doch gehen die Spannungen auch innerhalb der
römisch-katholischen Kirche weiter. Seit zehn Jahren leitet Johannes Wagner das Seminar zur Freude seines Bischofs und der
Priesteramtskandidaten aus verschiedenen Gegenden Deutschlands, als schon länger schwelende Konflikte im Professorenkol-
legium der Hochschule auch das Konvikt erschüttern. Bereits
nach dem Revolutionsjahr 1848 hat der Dillinger Kirchenrechtler
und Kirchenhistoriker Adam Joseph Uhrig jahrelang für Spannungen gesorgt, in deren Verlauf er seine Kollegen, speziell den
Moraltheologen Matthias Merkle, den Exegeten Valentin Thalhofer und Johannes Wagner, auch öffentlich angriff.

Nun eskaliert ab 1872 ein neuer Konflikt zwischen Uhrig und
Merkle im Streit um die Unfehlbarkeit derart, dass Alumnen
Ende 1873 in einem Brief an den Bischof damit drohen, das Semi-
nar und den Studienort Dillingen zu verlassen. Der Augsburger

Dompropst muss eingreifen, besucht das Lyzeum und verbietet den Alumnen schließlich den Besuch von Uhrigs Vorlesungen. Der friedliebende Regens muss eine Untersuchungskommission leiten, die sich mit seinen ehemaligen Professorenkollegen und den unlösbaren Konflikten befasst. Bereits vor Ostern 1874 kommt es zu Uhrigs Suspendierung wegen Häresie, und nach Abschluss der Untersuchung im folgenden Dezember zur Versetzung von Merkle nach Passau und zur Pensionierung der Papstkritiker Uhrig und Johann Nepomuk Schneider in Dillingen.[113] Briefe eröffnen Einblicke in das Drama des Regens, der monatelang mit einem Exodus seiner Studenten aus dem Seminar rechnen muss. Mitten im Seesturm schreibt er etwa im Januar 1874 seinem Freund Valentin Thalhofer: »Nun denke Dir noch dazu, wie der fragliche Herr vom Katheder herab seine Hörer wiederholt traktierte: einem sehr braven Alumnus, der unter einer Vorlesung hinausgegangen war, bot er (Uhrig) Geld an, ›sich einen Strick zu kaufen, damit er seinem Vorgänger nachfolgen könne, von dem es in der Schrift heißt: ,er ging hinaus u. erhängte sich‹. Ein ausgezeichneter Alumnus protestierte gegen solche Verunglimpfung … und als der Herr Prof. mit Invectiven fortfuhr, verließen die Zuhörer den Hörsaal«.[114]

Die innerkirchlichen Konflikte im Gefolge des Ersten Vatikanischen Konzils befeuern nördlich der Alpen auch den »Kulturkampf«, der seine Wellen bis Dillingen schwappen lässt. Der Sieg Preußens und seiner süddeutschen Verbündeten Bayern, Württemberg, Baden sowie Hessen-Darmstadt gegen Frankreich führt im Sommer 1871 zur Errichtung des deutschen Kaiserreichs unter dem Hohenzollern Wilhelm I. Im neugeschaffenen Bundesstaat kreuzt der Reichskanzler Otto von Bismarck bald die Klinge mit dem Papst und der katholischen Kirche. Im Berliner Reichstag kommt es zu heftigen Kämpfen zwischen den regierenden Nationalliberalen und der neuen katholischen Zentrumspartei. Letztere verteidigt die Autorität der Kirche über die Wissenschaften und gegenüber einem Staat, der seinerseits die eigene Macht auf alle Lebensbereiche ausdehnt. 1872 wird den Jesuiten das Wirken im ganzen Kaiserreich untersagt. In Preußen werden die Schulen unter staatliche Aufsicht gestellt, Klöster aufgehoben, Ordensleute ausgewiesen, einzelne Bischöfe und Hunderte von Priestern inhaftiert, die Besetzung der Pfarreien staatlich reglementiert und die Priesterausbildung vom Staat kontrolliert.

Für Dillingen bedeuten diese Zwangsmaßnahmen, dass Studenten aus norddeutschen Bistümern an die Donau kommen und um Aufnahme ins Seminar bitten, um ihr Studium hier fortzuführen. Johannes Wagner nimmt neben Schweizer und süddeutschen Studenten nun auch solche aus den Bistümern Köln, Trier, Mainz, Münster, Hildesheim, Limburg und Paderborn auf. Im Studienjahr 1875/76 sind von 64 Kandidaten des Lyzeums die Hälfte nichtbayerische »Ausländer«, davon 17 preußischer und 14 schweizerischer Herkunft. Im folgenden Jahr kommen von 100 Kandidaten deren 52 aus dem »Ausland«, u.a. einer von der Ostsee Mecklenburgs. Der Regens handelt mit seinem Bischof aus, dass diese Auswärtigen unentgeltlich im Seminar leben können, wenn sie mit der Erlaubnis ihres Heimatbischofs nach der Priesterweihe für vier Jahre als Kapläne in der Diözese Augsburg bleiben. Auch die »nordischen Brüder« werden sich später voll des Lobes an den liebevollen Regens ihrer studentischen Asylzeit erinnern.[115]

Sechstes Intermezzo

Lieber Johannes,

im Kulturkampf ging es wie in so vielen Konflikten um Macht! Wer bestimmt über die Bildung von Menschen und damit über ihr Denken und ihren geistigen Horizont? Wer prägt die Werthaltungen und damit auch Lebensweisen? Im Kulturkampf prallten die Autorität der katholischen Kirche und die des Staates aufeinander. Es ging um die Kontrolle über die Schulen, über den Zivilstand der Bürgerinnen und Bürger, über die Seelsorge und die Kirchengelder. In deinem Leben sind nicht Fragen der Macht bestimmend, sondern Fragen der Liebe.

In deinem Aufruf zur Unterstützung einer ersten Einrichtung für Menschen mit Beeinträchtigung im Fuggerschloss Glött wendest du dich 1869 an den Klerus der Diözese und bittest »um brüderliche Mithilfe« für ein »Werk des Friedens« und »der christlichen Liebe«. Brüderlichkeit kennzeichnet deine Beziehungen zu Mitbrüdern im Priesteramt und zu jungen Studenten im Seminar. Als Geschwister siehst du alle Gläubigen, die sich an den gemeinsamen Vater im Himmel wenden. Die offene Aufnahme von Kindern katholischer, evangelischer und jüdischer Eltern im Schloss Glött weitet die familiären Horizonte des Glaubens über die Grenzen der eigenen Konfession und Religion hinaus. Abraham wird biblisch gemeinsamer Stammvater vieler Völker genannt. Du hast diesen jüdisch-christlichen Glauben ernst genommen. Und du hättest dich bestimmt über die christlich-islamische Erklärung gefreut, mit der sich Papst Franziskus und Großimam Ahmad Muhammad al-Tayyeb aus Kairo im Februar 2019 an die Menschheit wandten und im Namen der »Geschwisterlichkeit aller Menschen« zum gemeinsamen Einsatz für eine humanere, gerechtere, friedlichere und ökologisch achtsamere Welt aufriefen.[116] Bereits als 19-Jähriger plädierst du dafür, »die menschliche Gesellschaft« in »eine wahre Menschenfamilie« zu verwandeln: Engagierte Nächstenliebe kann und muss Eigennutz und Egozentrik ihrer Glieder überwinden.[117] ⟶ 14 Sie schafft Gemeinschaft ohne Grenzen und ohne Exklusion.

Dein Rundbrief an den Klerus ist mit Bedacht auf den Festtag des hl. Vinzenz von Paul datiert, der als Begründer der neuzeitlichen Caritas gilt. Sein Gedenktag wird damals am 19. Juli gefeiert und ist heute auf den 27. September verlegt. Auf den möglichen Einwand, »man lasse den Staat für diese Unglücklichen sorgen, er nimmt genug ein!« antwortest du: »Arbeitsleute, die aus hl. Liebe und umsonst arbeiten, wie meine guten Franziskanerinnen, bekommt der Staat nicht. Es gibt eben Dinge, die der christliche[n] Charitas« anzuvertrauen sind und »nur unter ihrer Pflege gedeihen«.[118] 1886 wirst du dazu im vierten Grundsatz zu deinen Werken festhalten: »Zur Zeit, als die trüben Wogen des Kulturkampfes noch hochgingen, sagte ein hoher bayerischer Staatsbeamter: ›Ich begreife nicht, warum man die schönen Kräfte, welche die Orden uns darbieten für Schule, Kirche und für alle Notstände unter dem Volke, so missachtet.‹ Wer könnte nur unsere barmherzigen Schwestern ersetzen!«[119]

Damit sprichst du einen Punkt an, der auch heute in einem erfreulich weit entwickelten Sozialstaat eine echte Herausforderung bleibt: Es reicht nicht, soziale Nöte der staatlich garantierten Sorge zu überlassen! Die beste Altersvorsorge und -versicherung verhindert nicht die Vereinsamung Betagter, von denen immer mehr allein leben. Sozialämter und Hartz-Programme mögen Arbeitslose und -unfähige zwar materiell absichern, doch integrieren sie Betroffene damit noch nicht in ein tragendes menschliches Miteinander. Es reicht nicht, Menschen mit Beeinträchtigung Wohnräume und sinnvolle Beschäftigung zu geben: Selbstwertgefühl und Geborgenheit schöpfen aus alltäglich erfahrener Zuwendung. Flüchtlinge an den Grenzen und in den Städten Europas sind keine »Fälle«, deren Zahl die EU mit einer ausgebauten Grenzschutzbehörde Frontex in politisch erträglichem Rahmen halten und bei behördlich anerkannter Not durch staatliche Maßnahmen integrieren soll: Echte Solidarität ist gefragt, denn es sind »unsere Geschwister auf der Suche nach einer sicheren Zukunft«, wie es Papst Franziskus einem hochprivilegierten Europa immer wieder eindringlich in Erinnerung ruft!

Die Solidarität, die du im Seminar, im Zusammenwirken mit Sr. Theresia und den Franziskanerinnen wie auch mit deinen Sozialwerken tatkräftig lebst und Kreise ziehen lässt, sie nährt sich aus deinem Glauben und deiner Gottesbeziehung. So schreibst du am Ende deiner Grundsätze: »Gebet, starkes Gottvertrauen und viele Geduld und vor Allem und über Alles aber ist unerläßlich der Segen Gottes nothwendig, mit welchem alles und ohne welchen Nichts möglich ist. Daher sei inniger und herzlicher Dank dem Herrn, welcher die Tauben hörend und die Stummen redend macht«.[120]

Leonardo Boff hat darauf hingewiesen, dass zu patriarchalem Denken und Handeln neigen könne, wer sich in seinem Glauben einseitig auf den himmlischen Vater ausrichte. Wenn der christliche Glaube seine drei tragenden Beziehungen ernst nehme, schaue er auf zum Vater und gewinne universale Offenheit, folge dem Weg des Gottessohnes und verändere die Welt und spüre in die eigene Tiefe, wo die Geistkraft jeden Menschen inspiriere. Dein Leben verbindet Engagement mit Innerlichkeit, Aktion mit Kontemplation, Tatkraft mit Gottvertrauen. Und dein Blick zum Himmel schaut nicht nur zum Vater aller, sondern auch zu einem mütterlichen Gott auf. Es rührt mich, wie du schon als junger Student in einer Betrachtung zu Psalm 15 schreibst: »An dich will ich mich anklammern, wie der schüchterne Säugling an die Mutter, ... barmherziger Gott! Denn dein will ich ewig sein!«[121]

Mit dem Wunsch, in meinem Engagement für die Welt meinen inneren Quellen ebenso Sorge zu widmen, wie du es junge Schwestern und künftige Priester gelehrt hast, herzlich,
Niklaus

Mein Intermezzo

VII
Der Vollendung entgegen

Für Sr. Theresia Haselmayr und Johannes Wagner erfüllt sich nahezu exakt, was sie jeden Monat zweimal mit dem biblischen Psalm 90 beten: »Das Leben währt siebzig Jahre, und wenn es hoch kommt, sind es achtzig«.[122] Die Meisterin stirbt wenige Tage vor ihrem 70. Geburtstag und einen Monat vor Papst Pius IX., mit dessen Tod sich die Kulturkampfwirren allmählich legen. Der Regens erlebt die ersten acht Jahre des sozialen Papstes Leo XIII., jedoch nicht mehr seine Enzyklika »Rerum novarum« von 1891, die der christlichen Sozialethik, einer solidarischeren Gesellschaft und einer engagierten Caritas die Wege weist.[123]

1. Geringe Lebenserwartung vieler Schwestern

Das eindrucksvolle Wirken eines zunächst kleinen und dann schnell wachsenden Kreises von Dillinger Franziskanerinnen im schulischen und sozialen Feld erntet schöne Früchte. Es zahlt zugleich einen hohen Preis. Doch die Meisterin und der geistliche Direktor dürfen sich über große Erfolge freuen: das Aufblühen und die schnelle Expansion der Gemeinschaft, den Ruf nach Schwestern weit über Schwaben und Bayern hinaus, den Zustrom neuer Berufungen und das Wirken profilierter Schwestern, die Anerkennung und breite Unterstützung der übernommenen Schulen und gegründeten Sozialeinrichtungen, die Ausbreitung des franziskanischen Schwesternlebens durch Tochtergründun-

gen, von denen einige selber zu Mutterhäusern werden! Ein feiner Erfolg steht sprechend für das innovative Wirken, weil die
Schwestern, ihr Regens und ihnen Anvertraute ihn mitten in
den Kulturkampfwirren feiern können. In Berlin wird bei einer
Ausstellung von Kunsthandwerk eine gestickte Fahne, welche die
Dillinger »Taubstummen« gefertigt haben, mit dem ersten Preis
und einer goldenen Medaille gewürdigt.

Sr. Theresias Schwestern haben die Fahnenstickerei und die
alte klösterliche Paramentenkunst ⟶ 15 zu einem wirtschaftlichen und pädagogischen Pfeiler ihrer ersten Sozialeinrichtung
gemacht. Die textilen Werkstätten leisten über 120 Jahre einen
wertvollen Beitrag für eine erlebnisstarke und gottvolle Litur-
gie weit über die Grenzen Bayerns hinaus. Schwesterliche Lehr-
meisterinnen vermitteln ihr Kunsthandwerk an begabte Frauen
mit Hörschädigung bis 2016. Die kunstvollen Werke, die in
den bayerischen Bistümern verkauft werden, erfüllen über das

Lebens-Erwartung: Licht oder Dunkel. Tod oder Leben.

Wirtschaftliche hinaus zwei weitere Zwecke: Sie stärken das Selbstwertgefühl der Stickerinnen und machen einer breiteren Öffentlichkeit klar, welche Fähigkeiten auch in Menschen mit Behinderungen schlummern. Bismarcks Berlin anerkennt dieses Schaffen 1874 mit der Prämierung im Gewerbemuseum.[124]

Der Blick in die Personalkartei deckt den hohen Preis für die Erfolgsgeschichte der Ära Sr. Theresias auf. Von den fünf Schwestern, die im aussterbenden Kloster den Eintritt der jungen Clara Haselmayr und Anna Wille erleben, sterben vier im Alter zwischen 68 und 74 Jahren, während die Laienschwester

> Wer uns Arbeit gibt, gibt uns Brot!
> *Johann Ev. Wagner*

Agatha Burger 83 Jahre erreicht. Von den jungen Schwestern, die nach der Restauration des Klosters eintreten, sterben 121 vor ihrer Meisterin: mehr als ein Drittel der von ihr aufgenommenen jungen Frauen![125] Franziska Reisch, die als dritte Gefährtin der neuen Ära dazukommt, wird vier Jahre vor ihrer betagten Novizenmeisterin als 27-Jährige zu Grabe getragen. Auch zwei ihrer Professgefährtinnen sterben vor dem 50. Lebensjahr. Ab 1843, dem Gründungsjahr der ersten beiden Filialen in Medingen und Höchstädt, mehren sich nicht nur die Eintritte, sondern auch die Begräbnisse junger Schwestern. Von den Neuprofessen der 1840er-Jahre stirbt eine Schwester unter 30 Jahren, sieben unter 40 und weitere sieben unter 50. Von jenen Schwestern, die in den 1850er-Jahren in die Gemeinschaft eintreten, sterben 15 Schwestern unter 30 Jahren, davon zwei Novizinnen, und elf erreichen den 40. Geburtstag nicht. Unter den neuen Professschwestern der 1860er-Jahre fallen die frühen Todesfälle in den Filialen und Neugründungen auf: Sießen verliert zwei Schwestern im Alter von 27 und 33 Jahren, Volkach gleich acht Schwestern im Alter zwischen 25 und 34 Jahren. In Dillingen selbst trägt die Meisterin vor ihrem Tod sechs Novizinnen zu Grabe, während je eine weitere in Medingen, Dettelbach und im Lazaretteinsatz von Corbeil noch vor der Profess stirbt. Von den Professjahrgängen ab 1865 erreichen unter Sr. Theresias Leitung 20 Schwestern das 30. Altersjahr nicht und neun weitere können ihren 40. Geburtstag nicht mehr feiern. Die Hälfte der verstorbenen Schwestern weist noch keine Profess oder weniger als fünf Professjahre auf.

2. Sorge für die Gesundheit

Mit feiner Sorge suchen sowohl Regens Johannes Wagner den Studenten im Seminar wie auch Sr. Maximiliana Messerer den ihr anvertrauten Kindern und Frauen eine für Leib und Seele, Geist und Herz gesunde Lebensweise zu ermöglichen. Wie kommt es, dass eine sozial sensible, pädagogisch engagierte und franziskanisch gesinnte Schwesternkongregation in ihren eigenen Reihen derart viele junge und selbst jüngste Mitglieder zu Grabe tragen muss? Zwei Antworten hat der Weg durch die Geschichte bereits gegeben: Im neubelebten Kloster Au am Inn sorgt der autoritäre Ortspfarrer für eine derartige Arbeitsüberlastung, verbunden mit einem unfreiwilligen und deshalb spirituell ungesunden Eingeschlossensein in Klausurmauern, dass Sr. Theresia dem zuständigen Erzbischof von München und Freising einen Rückzug der leidenden Schwestern oder eine Verlegung des Klosters vorschlagen muss. Die Meisterin scheut sich denn auch nicht, den bischöflich ernannten Beichtvater des Klosters Au für Krankheit und frühen Tod junger Schwestern verantwortlich zu machen.

Auch das zweite konkrete Beispiel einer jung verstorbenen Schwester ist sprechend, obwohl es sich auf den ersten Blick um

ein Einzelschicksal handelt: Im mutigen Team, das in Kriegs-
lazaretten in Frankreich Pflegedienste leistet, stirbt die einge-
setzte Novizin 26-jährig nach aufreibenden Monaten an Typhus.
Auch in den Schulgemeinschaften und im Mutterhaus erliegen
Schwestern ansteckenden Krankheiten, gegen die es damals noch
keine wirksame Medizin gibt. Die häufigste Todesursache junger
Schwestern ist Tuberkulose.[126]

Aufreibende Arbeit im Kampf gegen soziale Nöte erklärt gerade in den kleinen Gemeinschaften der Filialen, dass Schwestern
den 50. Geburtstag nicht erreichen. Als Pfarrer Josef Lorenz Ler-
zer im mittelfränkischen Allersberg für eine neue Schule mit 159
Mädchen und eine dringlich benötigte Kinderkrippe Ende 1880
Dillinger Franziskanerinnen zu gewinnen sucht, rechnet er mit
zwei Lehrerinnen, einer Schwester für die Krippe und einer für
den Haushalt und den großen Garten. Die Regierung verzögert
die Bewilligung, weil jede Lehrerin tatsächlich über 80 Kinder

Alles hat seinen Preis ... auch ein sauberer Boden.
Ob er seinen Preis wert ist?

zu unterrichten hätte, und verlangt eine dritte Lehrkraft, was die Gemeinde mit Blick auf ihre Kassen jedoch ablehnt. Sr. Theresias Nachfolgerin im Amt weist die Regierung in einem Schreiben darauf hin, dass ihre Schwestern in Schwaben und Unterfranken seit Längerem Klassen von 80 bis 90 Schülerinnen verkraften müssten und es ohne Probleme schaffen würden.[127]

Ein Rundschreiben, das noch in Sr. Theresias Amtszeit fällt, lässt Rückschlüsse auf die Belastung zu, welche die kräftemäßig ohnehin strapazierten kleinen Gemeinschaften überfordern, wenn eine Schwester erkrankt: Die gesunden Schwestern teilen deren Pensum unter sich auf, bis in höchster Not Verstärkung aus dem Mutterhaus eintrifft. Kranke Schwestern müssen, wenn ihre Pflege von der Laienschwester neben Haushalt, Garten und Verwaltung nicht zusätzlich zu leisten ist, ins Mutterhaus zurückgesandt werden. So treffen Mitte April 1870 gleich zwei Schwestern aus einer Filiale in Dillingen ein und werden vom Bezirksarzt untersucht. Sr. Theresia schildert den Fall exemplarisch in einem Rundschreiben an alle Schwestern: Der Arzt »rügte strenge, daß man bei solch kalter Witterung kränkelnde Klosterfrauen in das Mutterkloster schicke«. Die Meisterin verordnet umgehend, dass »die Mitschwestern, welche zu kränkeln anfangen ... sich früher in das Bett begeben und später aufstehen« sollen und »daß sie eine ihrem Zustande entsprechende Nahrung erhalten ..., die Oberinnen ihnen liebevoll entgegenkommen« und nach Bedarf »den Arzt rufen lassen ... Wird die Krankheit ernster, soll im Mutterkloster um Aushilfe gebeten werden«. Auch eine Krankenschwester kann aus Dillingen angefordert werden. Eine Verlegung ins Mutterkloster solle nur dann erfolgen, wenn sie nach ärztlichem Ermessen »der Kranken keinen Schaden« bringe. Zudem sollen die Oberinnen grundsätzlich auf eine gesunde und ausreichende Ernährung achten, weil andernfalls »die Natur früher oder später sich rächt«.[128]

Die schon erwähnte Gründung der Schulfiliale Altenberg macht eine zweite Sorge der Meisterin deutlich: So prekär die Verhältnisse sind, welche die ersten Schwestern antreffen, so eindringlich und handfest fordert Sr. Theresia die königliche Regierung von Schwaben und Neuburg auf, »für die Beheizung der Schullokalitäten und … der Wohnung der Lehrerinnen … 8 Klafter Buchen- oder Birkenholz und 400 Wellen … aus den k[öniglichen] Waldungen verabreicht« zu bekommen.[129] Auch anderswo scheuen

> Der Segen des Himmels wird ersetzen, was unsere Kräfte nicht vermögen.
> *Sr. Theresia Haselmayr*

sich die Schwestern nicht, unter ärmlichsten Lebensbedingungen tätig zu werden und ihre Werke aufzubauen. Sr. Theresia mahnt sie wie auch die Behörden mit einem gesunden Gespür, dabei nicht fahrlässige Opfer zu erbringen oder zu erwarten.

Sr. Theresias wacher Blick auf ihre Kongregation macht zusätzliche Gefahren aus, die Schwestern an die Grenzen ihrer Kräfte bringen und ihre Gesundheit gefährden. Im bereits zitierten Rundschreiben spricht sie auch falsche asketische Einstellungen, »fixe Ideen und Eigenwilligkeit« an, die zu Mangelernährung und Raubbau am eigenen Körper führen. Mitte Februar 1871 lässt sie im Mutterhaus ein Zirkular umlaufen, das weitere Probleme anspricht: »Die Klosterfrauen haben die Pflicht, auf ihre eigene Gesundheit sowie [die] ihrer Mitschwestern zu achten und nicht durch übertriebene Reinlichkeit, durch Putzen auf den Knien die mit Steinen gepflasterten Lokalitäten zu reinigen, besonders im Winter. Wer im Winter solches tut oder es anderen befiehlt, der versündigt sich gegen das fünfte Gebot [= ›Du sollst nicht töten!‹] … Verkältung auf diese Art ist die Ursache an der

jahrelangen Krankheit unserer kranken Schwestern«. Um ihrer
Mahnung Nachdruck zu verleihen, lässt sie das Zirkular von allen Schwestern nach dem Lesen eigenhändig unterzeichnen: Es
trägt die Unterschrift von 22 Chor- und Lehrschwestern, sechs
Laienschwestern und drei Novizinnen.[130] Schon früher, im Dezember 1867, unterzeichnen fünf Lehrerinnen im Mutterhaus ein
Mahnschreiben, ⟶ 16 das vor einem Perfektionismus warnt,
der »sehr nachteilig auf den Gesundheitszustand der Arbeitsleh-
rerinnen und ihrer Gehilfinnen wirkt«: Die Meisterin verurteilt
darin den pädagogischen »Missbrauch«, dass Lehrerinnen näm-
lich die Schul- und Hausarbeiten der schwächeren Schülerinnen
selber ausführen und für diese nähen, schneidern und stricken:
»Also weg mit diesen unnötigen Arbeiten, die zu nichts taugen
als die Gesundheit zu zerstören, denn wieviele Arbeitslehrerin-
nen haben durch diesen falschen Eifer, für die Schule zu arbeiten,
ihre Gesundheit, ja ihr Leben verloren«.[131]

3. Sr. Theresias überraschender Tod

Die Meisterin selbst erfreut sich einer belastbaren Gesundheit. Wiewohl auch sie elfmal ernsthaft erkrankt ist[132] und die
Schwestern zweimal um Sr. Theresias Leben fürchten – erstmals
vom Februar bis Juni 1869 zwischen den eben zitierten Mahnschreiben und ein zweites Mal 1876 –, erreicht sie schließlich das
70. Lebensjahr. Als im Mutterhaus am 23. Dezember 1877 der
Namenstag von Johannes Wagner gefeiert wird und die Schwestern zur Freude des Beichtvaters und der Meisterin das Leben
des heiligen Pfarrers von Ars inszenieren, endet die Chronistin
ihre Beschreibung mit dem Wunsch, dass »der liebe Gott uns

noch viele Jahre hindurch diese teuren, verehrten Vorgesetzten erhalten« möge.[133] Zwei Wochen später überrascht Schwester Tod die Generaloberin ohne Vorwarnung. Am 8. Januar 1878 sitzt sie gegen Ende ihrer 14. Amtszeit mit ihren Schwestern im Speisesaal des Mutterhauses und schneidet beim Vesperbrot einen Apfel entzwei, als ein Herzinfarkt sie trifft. Kurz darauf stirbt die Meisterin. Die Sterbesakramente hat sie noch empfangen.

Der Nachruf im »Totenbuch der Kongregation« schreibt zum überraschenden Hinscheiden »der lieben Mutter«, deren Feier zum 70. Geburtstag die Schwestern bereits vorbereiten: Was »Frau M. Theresia ... in diesem Amt geleistet, weiß die ganze Stadt«. Geistliche wie staatliche Obrigkeiten hätten wiederholt festgestellt, »daß diese Frau in kurzer Zeit mehr getan habe, als ein Mann hätte leisten können. Unter ihrer Leitung entstanden Filialklöster in Schwaben, Unterfranken, Oberpfalz und Oberbayern, und selbst eines in Württemberg, von dem wieder mehrere Filialen ausgingen. Überall, wo sie ein Kloster gründete, bewährte sie ihren praktischen Sinn«, ihre ganze Hingabe, »ihren klaren Verstand, ihre Kenntnisse im Baufach, und vor allem glänzte ihr gläubiges, felsenfestes Gottvertrauen hervor. In den Unruhen der Zeit blieb sie unverzagt ... Sie nahm ihre Zuflucht zum Gebet und nie vergebens. M. Theresia war ihren Klosterfrauen eine Mutter im vollen Sinn des Wortes; wie nachsichtig und liebevoll nahm sie die Fehlenden auf ... kindlich konnten sich alle ihr nahen. Besonders gütig und nachsichtig, so innig teilnehmend war sie gegen die Kranken und Armen. Viele ganz mittellose Mädchen erfreuten sich ihrer Hilfe, um sich ausbilden [zu lassen] und in den Orden aufgenommen werden zu können. Frau Meisterin M. Theresia legte auch bei ganz geringen Mitteln den Grund zum Taubstummeninstitut, das jetzt so verzweigt ist«.

Geschrieben wurde diese Skizze, wie ein Schriftvergleich zeigt, von Sr. Angelina Schmid, der Sekretärin der Verstorbenen. Der Wortlaut lässt vermuten, dass sie ihn mit dem Regens verfasst hat. Der Weggefährte und Stifter lässt das persönliche Engagement wie auch den materiellen und personellen Beitrag der Generaloberin für die Sozialwerke anklingen. Die Sekretärin spricht auch Johannes Wagner aus dem Herzen, wenn sie aus eigener Erfahrung hinzufügt: »Wer so glücklich war, viel in der Nähe der nur zu früh Dahingeschiedenen zu sein, konnte sich so recht von ihrer klaren und richtigen Einsicht, ihrer Aufrichtigkeit und Wahrheitsliebe, von ihrem Glaubenseifer und ihrer Gebetsinnigkeit überzeugen«.[134]

Die Meisterin findet ihre Ruhestätte nicht in der vollbelegten Klostergruft, ⟶ 17 sondern wird unter »Teilnahme … der ganzen Stadt« sowie »von den hohen und höchsten Behörden« auf dem Friedhof bei St. Wolfgang bestattet. Sieben Wochen nach dem Tod ihrer Nachfolgerin, die Mitte März 1900 wieder in der eigenen Gruft beigesetzt werden kann, wird auch ihr Leib Ende April feierlich an den Ort ihres Lebens überführt und in einem Gottesdienst in der Gruft beigesetzt, wo er noch heute ruht.

Theresia Haselmayr hat in 42 Amtsjahren 324 Schwestern aufgenommen und insgesamt 18 neue Niederlassungen in Süddeutschland errichtet, die sie alle in den Dienst von Schulen oder sozialen Einrichtungen stellte. Neben diesen Filialen der Kongregation entstanden »die vier selbständigen Klöster Bonlanden, Oggelsbeuren, jetzt Sießen, Heiligenbronn und Au am Inn«.[135]

4. Johannes Wagner und die neue Meisterin

Wie bereits bei der Wahl von Sr. Theresia Haselmayr zeigt die kirchliche Obrigkeit ihre patriarchale Sorge – und ihre Bevormundung der Schwestern – schon kurz nach der Bestattung der großen Meisterin. Am 11. Januar 1878 schreibt Wagners früherer Professorenkollege Lorenz Klemens Gratz, nun Generalvikar in Augsburg, folgende Weisung an den Beichtvater und Direktor in Dillingen: Er soll dem bischöflichen Ordinariat vertraulich – »in confidencieller Weise« – kundtun, »welche unter den Conventfrauen die tauglichste zur interimistischen Leitung des verwaisten Conventes sein dürfte«, wozu Gratz eine von jenen Schwestern empfiehlt, »welche bisher von der Frau Meisterin selig in die Angelegenheiten des Klosters eingeweiht und zur Besorgung der Geschäfte verwendet worden sind«.[136] Elf Tage später wird durch den bischöflichen Generalvikar »die Seniorin des Conventes Frau M. Bernhardina Kleiber als Vikarin des benannten Klosters oberhirtlich aufgestellt«.[137] Bis zur Wahl der Nachfolgerin vergehen drei Monate. Bischof Pankratius selbst reist dazu nach Dillingen, und Johannes Wagner wird von ihm zum Protokollanten des Wahlprozederes ernannt. Am Osterdienstag, 23. April, findet die Wahl statt, zu der die Schwestern aus entfernteren Filialen zuvor ihre schriftliche Stimmabgabe via Ortspfarrer nach Augsburg gesandt haben. Im Mutterhaus selbst versammeln sich nach dem bischöflichen Gottesdienst 85 wahlberechtigte Schwestern aus den Niederlassungen im Bistum. Von den 145 abgegebenen Stimmen fallen im ersten Wahlgang 77 auf Sr. Angelina Schmid und 59 auf Sr. Katharina Wankmiller. Damit ist Erstere auf Anhieb gewählt.

Sr. Angelina Schmid trat zusammen mit ihrer Schwester Hyacintha ins Kloster Dillingen ein, wo die beiden Ende 1855 eingekleidet wurden. Während ihre Schwester in Medingen bereits 15 Jahre später starb, machte sich Sr. Angelina als Sekretärin der Meisterin mit der ganzen Kongregation vertraut und begleitete sie bis in die Niederlassungen am Main und am Inn. Selber ins Leitungsamt gewählt, hat sie nun im Auftrag des Bischofs neue Satzungen zu erarbeiten, die 1880 ›ad experimentum‹ und drei Jahre später definitiv genehmigt werden. In ihre Amtszeit fällt der Einbau der neuen Orgel im Mutterhaus und die Renovierung des Kleinen Klosters. Die zahlreichen Eintritte junger Schwestern erlauben es ihr auch, die Politik der Vorgängerin fortzuführen und neue Filialen zu gründen: 1882 begleitet sie zusammen mit Regens Johannes Wagner ein Fünferteam nach *Bamberg,* wo Erzbischof Friedrich von Schreiber Dillinger Franziskanerinnen den Haushalt samt Verwaltung und Buchhaltung des Priesterseminars anvertraut. Im gleichen Jahr übernehmen zwei Lehrschwestern, eine Kindergärtnerin und eine Laienschwester die schon erwähnte neue städtische Mädchenschule in *Allersberg.* 1884 folgt auf Bitte des Schulinspektors Georg Weinhart die Übernahme eines »Asyls« für Kinder verarmter Familien in *Gundelfingen,* wofür ein Haus samt Garten, Scheune, Stall und landwirtschaftlichem Grund erworben wird. Zwei Schwestern und eine Kandidatin übernehmen die Sorge für 40 Mädchen und Buben in der zweiten Niederlassung, neben der bereits eine Schulfiliale besteht. 1885 kommt eine Haushaltungsschule in *Roggenburg* hinzu, 1887 eine Kinderkrippe und Handarbeitsschule in *Heideck* sowie ein Haus für Dienstbotinnen in *Bamberg.*[138] Johannes Wagner begleitet die ersten dieser Gründungen mit, setzt seine Energie jedoch vor allem für vier weitere Sozialwerke ein, für deren Gründung und Aufbau Sr. Angelina wiederum profilierte Schwestern ausbilden lässt und freistellt.

5. Vier weitere Sozialeinrichtungen

Nachdem Sr. Theresia mit Dillingens Taubstummeninstitut sowie mit Glött und Zell die Gründung von drei ersten Sozialeinrichtungen tatkräftig mitgetragen und sie im Verwaltungsrat auch mitgeleitet hat, unterstützt sie eine vierte Gründung, deren Eröffnung jedoch erst kurz nach ihrem Tod stattfindet. Am Osterdienstag 1876 reisen Johannes Wagner und Sr. Theresia als Generaloberin nach *Hohenwart,* wo die Regierung Oberbayerns ihnen ein verlassenes Benediktinerinnenkloster anbietet, um dort eine Einrichtung für Gehörlose des ganzen Bezirks anzusiedeln. Sr. Udalrika Baustel begleitet das Duo als Oberin des Dillinger Instituts und berät es mit ihren praktischen Erfahrungen.

Die 1803 säkularisierte Abtei, als »Perle des Paartales« ein alter Wallfahrtsort, zeigt sich in jämmerlichem Zustand. Wagner kauft das Gebäude samt 13 Hektar Boden für die Landwirtschaft

Weiter, immer weiter … um der Menschen willen.

im Frühling 1877 und eröffnet die Schule mit fünf Schwestern und über 30 gehörlosen Kindern im Herbst. Die offizielle Einweihung findet am 4. Februar 1878 statt, einen Monat nach dem Tod der Meisterin.

Der Stifter besucht das Institut, das eine Schule mit Wohnräumen, Landwirtschaft und Textilwerkstätten verbindet, regelmäßig. Auch hier erinnern sich Schwestern später, wie kräftezehrend solche Besuche der Gründung südlich von Ingolstadt für den alternden Regens sein konnten. Die Eisenbahn machte die Reise zum 75 Kilometer östlich von Dillingen gelegenen Hohenwart leichter. Dennoch blieben vom Bahnhof Niederarnbach bis zum Klosterberg Hohenwart acht Kilometer zu gehen.

Bei einem Besuch im Juli 1882 trifft Johannes Wagner nicht mit dem erwarteten Zug ein, sodass die mit einem Pferdegespann wartende Kandidatin zurückkehrt. Als der Stifter erst abends eintrifft und allein am Bahnhof steht, bricht er trotz einbrechender Dunkelheit und des Weges unkundig auf, stolpert durch den dichten Wald, verirrt sich, kommt zum Ausgangspunkt zurück und klopft innerhalb von drei Stunden zweimal an die Tür desselben Hauses. Um dem Irrenden weitere nächtliche Kreisbewegungen zu ersparen, begleitet ihn der im Schlaf gestörte Bauer schließlich die ganzen acht Kilometer bis in die Sichtweite des Klosters Hohenwart. Vom Regen durchnässt, schläft der 75-Jährige die verbleibenden Nachtstunden auf einer Bank im Häuschen des Klosterdieners, um niemanden zu stören. Am Morgen feiert er dann die Messe und erlebt den Prüfungstag im Institut mit. Beim nächtlichen Wegbegleiter von Kaltenherberg bedankt sich Johannes Wagner dann mit einem eigens gewidmeten Buch und bringt ihm immer wieder ein Fläschchen Kalmus, einen Verdauungslikör, aus Maria Medingen mit.[139]

Drei Jahre später kommt das Sozialwerk von Regens Wagner zu einem dritten Schlossgut im oberpfälzischen Lauterhofen. Weil dieses auf Karl den Großen zurückgeht, trägt es den Namen Karlshof. Hier haben religiöse Frauen das alte Gut gekauft und mit dem Segen des Eichstätter Bischofs seit 1852 verwahrloste Kinder aufgenommen. Drei Jahrzehnte lang hat sich die neue Gemeinschaft vergeblich um die staatliche Anerkennung ihrer »Rettungsanstalt« bemüht. 1877 ist die 27-jährige Angela Böhm zur neuen Leiterin gewählt worden. Sie als Jüngste hat ihr ganzes Privatvermögen eingebracht. Der Bischof gewinnt sie dafür, zusammen mit einer weiteren Lauterhofener

> **Trotz des ruinösen Zustandes verloren sie nicht die Lust zum Ankaufe.**
> *Andreas Grünwald*
> *über das Gründungstrio*

Schwester im Sommer 1880 nach Dillingen zu gehen und da das klösterliche Leben kennenzulernen. Nach einem verkürzten Noviziat kehren die beiden Schwestern ins Schloss Oberlauterhofen zurück, um dort Frauen mit schweren Beeinträchtigungen aufzunehmen. Das Projekt soll nach dem Vorbild von Glött und als Filiale Dillingens realisiert werden. Personell wird die »Heil- und Pflegeanstalt für Kretinen« in der Anfangsphase von zwei erfahrenen Dillingerinnen als Oberin und Leiterin unterstützt. Sr. Angela Böhm überträgt ihr »Schlösschen« Johannes Wagner. Probleme mit der Oberpfälzer Regierung verzögern die Umsetzung des Sozialprojektes. Als wirtschaftlich Verantwortlicher besucht der Regens das Haus, durchleuchtet seine Finanzlage, entdeckt vergessene Schuldscheine und fordert die Rückzahlung des verliehenen Geldes binnen eines halben Jahres ein. Die Dillinger Meisterin Sr. Angelina sagt als Aufbauhilfe zwei zusätzliche Laienschwestern zu und beantragt bei Bischof und Staat, die verbliebenen Lauterhofener Frauen einzukleiden.

Die auf Februar 1881 angekündigte Eröffnung mit Professfeier wird kurzfristig von der Regierung gestoppt, weil das Bayerische Staatsministerium Neugründungen von Klöstern verbietet. Johannes Wagner reist zunächst überstürzt zum Bischof von Augsburg, der sich übergangen fühlt und

Alles Gute kostet Kampf und ist ihn wert.
Johann Ev. Wagner

verärgert ist, und kann ihn für das Projekt gewinnen. Der Regens erreicht dann über seine Beziehung zu einen Freund des Kultusministers, dass München eine Ausnahmeregelung gewährt. Erleichtert stellt Johannes Wagner erneut fest: »Alles Gute kostet Kampf und ist ihn wert«.

In einem Freudenfest mit vielen Priestern und viel Volk feiert Sr. Angela Böhm am 22. Februar 1881 in Lauterhofen Profess. Dabei werden auch ihre vier Gefährtinnen in der Pfarrkirche eingekleidet. Die Amberger Volkszeitung feiert die Initiative, »diese Villa fränkischer Könige in ein Asyl für die ärmste Menschenklasse umzuwandeln und zwar in der Person des edlen Klerikal-Seminar-Regens Herrn Geistl. Rates Joh. Ev. Wagner in Dillingen«. Dieser habe als »Priestergreis« die Mitfeiernden tief beeindruckt: ein »Wohltäter der Menschheit« und bereits »Vater von ca. 350 unglücklichen Kindern, denen er in den Klosterfrauen aus dem Orden des hl. Franziskus in Dillingen würdige Stellvertreter ihrer Eltern gegeben« habe.[140] Sr. Angela Böhm leitet die Anstalt 41 Jahre lang. Die Klosterchronik vermerkt im Nachruf: »Sie gab nicht nur ihr ganzes Hab und Gut den Ärmsten der Armen, den unheilbar Kranken, sondern sie gab ihr Bestes, ihr Herz, ihre Liebe«.[141]

Gerade einmal zwei Monate nach dieser Eröffnungsfeier kann Johannes Wagner 30 Wegkilometer weiter südlich ein mit Lauterhofen verbundenes neues »Asyl« einweihen. Es wird sein viertes Schloss und das zweite, das Schwestern und Kinder mit geistiger Einschränkung beziehen. Bis 1848 von Nachfahren des Reichsgrafen Franz Ludwig von Holnstein bewohnt, wird deren Residenz im Tal der Weißen Laber durch den Eichstätter Bischof den religiösen Frauen von Lauterhofen angetragen. Als diese einen Ortswechsel ablehnen, entwickelt Meisterin Angelina mit Johannes Wagner die Idee, im leerstehenden *Schloss Holnstein* bildungsfähige Mädchen und Frauen mit Handicap unterzubringen, während Kinder und Frauen mit schweren Behinderungen in Lauterhofen Aufnahme finden sollten. Der Ortspfarrer Gregor Wiethaler, dessen Kirche mit dem Schloss baulich verbunden ist, verhandelt im August 1880 als Makler vor Ort mit dem Besitzer in Ingolstadt, der sich mit dem Dorf zerstritten hat. Er kauft das Anwesen für Wagner, der es den Schwestern von Lauterhofen übereignet. Die Oberpfälzer Regierung billigt das Projekt Mitte Januar 1881, und am 26. April wird die Sozialeinrichtung als Maria-Hilf-Anstalt durch den Eichstätter Bischof Franz Leopold von Leonrod feierlich eingeweiht.

Zur ersten Oberin ernennt die neue Meisterin Angelina Schmid mit Sr. Bona Baustel die Schwester von Sr. Udalrika. Zehn Mädchen bringen junges Leben in die alten Mauern. Ihre Zahl verdreifacht sich in zwei Jahren. Da arme Familien das Pflegegeld von 240 Mark pro Jahr nicht aufbringen können, bemüht sich Regens Johannes Wagner beim königlichen Landrat um staatlich finanzierte Freiplätze. Im Februar 1884 verleiht der König den beiden Gründungen in Lauterhofen und Holnstein die Anerkennung als juristische Personen. Damit hat Wagner zwei weitere Gründungen als »öffentlich anerkannte Institute christlicher Caritas« staatlich abgesichert. In seinem letzten Brief nach Holnstein ermutigt er die Schwestern im Juli 1885, »eure Kinder, diese Lieblinge Gottes zu lieben und an diesen ›verlorenen Drachmen‹ das Gepräge des göttlichen Ebenbildes zu reinigen und wieder herauszustellen«.[142]

Während Holnstein und Lauterhofen gedeihen, bahnt sich eine siebte und letzte soziale Gründung an, die Johannes Wagner anpackt. Die Initiative geht von Pfarrer Johann Sebastian Neppenbacher aus, der das verödete Benediktinerkloster *Michelfeld* vor dem Verfall retten will. Teile der über 700-jährigen, auf den ersten Blick imposanten Abtei werden von der Pfarrei, einer Schule und dem Förster genutzt, andere Teile stehen verlassen und werden geplündert: »ein Ort, wo die Räuber hausten«.[143] Möglicherweise weiß der Ortspfarrer von der einstigen Benediktinerinnenabtei Hohenwart, die Wagner nun mit Dillinger Schwestern für Menschen mit Hörbehinderung nutzt. 1881 nimmt er Kontakt zur Meisterin Angelina Schmid auf, erhält auf seine Idee eines Zentrums für Taubstumme jedoch eine Absage. Sie und Johannes Wagner sind der Meinung, dass die Oberpfalz mit Zell, Lauterhofen und Holnstein bereits über drei Einrichtungen verfügt, während sie für Anfragen aus Niederbayern noch keine Lösung haben.

Nachdem der Regens sich von einer längeren Krankheit wieder aufgerappelt hat, reagiert er Anfang 1883 auf den Wunsch des Erzbischofs Friedrich von Schreiber, den er als Studenten in Dillingen in Dogmatik unterrichtet hat, und besichtigt mit zwei Schwestern den barocken Klosterkomplex am 5. Februar 1883. Trotz des erbärmlichen Zustandes der Bauten spricht er von einer »Brautschau«.[144] Da ein hoher Investitionsbedarf zu erwarten ist und die Regierung das Gut zu einem verkraftbaren Preis freigeben muss, legt Johannes Wagner sein Projekt König Ludwig II. dar und besucht dann zusammen mit dem Erzbischof in München Anfang Oktober 1883 den Minister Freiherr von Lutz. Dieser sendet zwei Wochen später eine Delegation zur Besichtigung der Anlage nach Michelfeld, wo der Lehrer das Refektorium in einen Stall für Rinder und Schweine verwandelt hat. Während der Regens um günstige Kaufbedingungen feilscht, stirbt Mitte November Sr. Udalrika Baustel, wodurch er die erfahrene Beraterin und Partnerin in seinen sozialen Gründungen – »seinen rechten Arm«[145] – verliert.

Er selbst erkrankt über Weihnachten 1883 schwer an einer Grippe. Als er am 19. Februar 1884 das desolate Kloster erneut mit zwei Schwestern und dem Ortspfarrer besichtigt und weitere Verwüstungen feststellt, ordnet er bauliche Maßnahmen an. Diese organisiert sein eigener Bruder Josef, zuvor Bauer auf dem elterlichen Hof, Mitglied im bayerischen Landtag und nun Rentner mit freier Hand. Im August 1884 verfügt das Bezirksamt einen Baustopp und verurteilt die Reparaturen als »Eigentumsverletzung und Sachbeschädigung«. Erneut muss sich Wagner im September direkt an König Ludwig II. wenden, um das Bauverbot aufheben zu lassen, was drei Tage später erfolgt. Mitte November erlaubt Minister von Lutz den Einsatz der Schwestern, nachdem Wagner einen Münchner Freund eingeschaltet hat. In diesen Tagen schlägt er das ehrenvolle Angebot aus, vom König zum Domdekan in Augsburg ernannt zu werden.[146] Im folgenden Frühling kann der Vertrag mit der Regierung in Regensburg ausgehandelt werden und am 14. Juni 1885 findet die feierliche Eröffnung durch den Bamberger Erzbischof Friedrich von Schreiber statt. Der Festzelebrant ist tags zuvor mit Johannes Wagner in der Eisenbahn eingetroffen und lässt den Pionier nun im Gottesdienst neben ihm unter dem Baldachin schreiten. Als der Regens am Tag darauf »in unansehnlicher Reisekleidung mit dem Ränzchen an der Seite« nach Dillingen zurückkehrt, ahnt er wohl nicht, dass dieses Fest die letzte große öffentliche Feier in seinem Leben gewesen ist.[147]

6. Johannes Wagners Weg ins Osterlicht

Exakt zwei Monate nach seiner Rückkehr nach Dillingen erleidet der Regens im endenden Schuljahr einen Gehirnschlag, der ihn am 15. August 1885 halbseitig lähmt und für die letzten Monate seines Lebens pflegebedürftig macht. Zuvor hat er wie jedes Jahr im Priesterseminar die Kandidaten mit Exerzitien auf die Weihen vorbereitet, die jeweils Anfang August stattfinden. Am selben 1. August besucht der Bischof das Franziskanerinnenkloster und teilt den Schwestern mit, dass ihr betagter Beichtvater nach 42 Jahren diesen Dienst im Kloster fortan gemeinsam mit Johann Georg Weinhart wahrnimmt. In den nächsten Tagen fällt er gänzlich aus.

Am 9. August hält der Regens seine letzte Messe in der Seminarkapelle. Während die Alumnen in die Sommerferien reisen, zwingt der Kräftezerfall ihr »Rexle« dauerhaft ins Bett. Als Subregens Johann Nepomuk Ahle am Fest Mariä Himmelfahrt frühmorgens zur Aushilfe ins Kloster Medingen fährt, wird er dort nach dem Gottesdienst von einem Fuhrwerk erwartet und eilig ins Seminar zurückgerufen, wo er seinen Freund nach dem Schlaganfall halbseitig gelähmt antrifft und wo Bezirksarzt Gottfried Fleischmann um Wagners Leben kämpft. Die Krise dauert acht Tage. Johannes Wagner schildert einen Traum von der Fahrt mit einer schwarzen Kutsche und vier Rappen, die in einem dunklen Tor vom Kutscher abrupt gewendet werden.[148]

Es folgt eine 14-monatige Leidenszeit, in der der Regens nach eigener Aussage erlebt, was es heißt, behindert zu sein.[149] Der gewünschte Wechsel ins Taubstummeninstitut und die Bitte um Befreiung von seinen Aufgaben und Ämtern werden vom Bischof abgelehnt. Stattdessen sendet der Oberhirte den Barmherzigen Bruder Engelbert Altschäfl aus Neuburg zur Pflege des Regens. Von diesem scherzhaft »Leibhusar« genannt, trägt der robuste Krankenbruder den Halbgelähmten im Kloster und im Seminar zum Beichthören, zu Besuchen der Taubstummen oder zum Beten in der Seminarkapelle über alle Treppen. Ab November kommen im neuen Studienjahr jeden Abend drei Alumnen zu persönlichen Gesprächen; unter zahlreichen Freunden besuchen ihn auch der Augsburger Bischof Pankratius von Dinkel, die Erzbischöfe Anton von Steichele aus München und Friedrich von Schreiber aus Bamberg sowie der Münchner Professor Valentin Thalhofer, einst sein Kollege im Seminar.

Im Herbst 1885 bewirbt sich der schwer gezeichnete Regens um Aufnahme in den säkularen Weltorden des heiligen Franziskus. Bereits als junger Professor der Dogmatik zeigte Johannes Wagner eine tiefe Sympathie für den franziskanischen Geist. Als er den Novizen der Kapuziner im städtischen Kloster private Philosophiestunden gab und in ihrem Refektorium einmal scherzte, er hätte auch gern einen solchen Habit, erhielt er zum Namenstag eine Kapuzinerkutte geschenkt. In dieser schlief er dann drei Jahre lang, nachdem er sein Bett einer verarmten Familie abgetreten hatte.[150] Wie Franz von Assisi den Umgang mit Aussätzigen nicht scheute, so ließ sich der Beichtvater von keiner Warnung abhalten, einem schwachen Pockenkranken zärtlich zu begegnen.

Auch ein überaus liebevoller Umgang mit Tieren zeichnete den früheren Jäger aus: Einer Kreuzspinne gab er Gastrecht in seinem Zimmer, Mäusen legte er Brot vor ihre Schlupflöcher und täglich fütterte er Tauben an seinem Fenster. Als Lehrer im Pensionat der Schwestern begann er ab 1838 junge Frauen zur Nachfolge Jesu in der Bewegung des Poverello zu begeistern, und als Beichtvater im Frauenkloster beschäftigte er sich vertieft mit dem franziskanischen Geist. Zeugnis dafür ist eine handgeschriebene Expertise, mit der er die Schwestern des Klosters Au am Inn in ihrem Widerstand gegen die auferlegte Klausur bestärkt: Franziskanerinnen des Dritten Ordens seien eben gerade *keine* klausurierten Klarissen des Zweiten Ordens.[151]

In seinem letzten Lebensjahr zeigt Johannes Wagner seine tiefe Sympathie für die franziskanische Spiritualität, indem er am 25. Oktober 1885 nun selber ins Noviziat des Dritten Ordens eintritt. Dieser vereint seit dem 13. Jahrhundert Familienmenschen

Was halte ich? Was hält mich? Das Kreuz … mehr als ein Stück Holz.
(Kreuz in Form des franziskanischen »Tau«)

und Singles, die sich außerhalb von Klöstern im eigenen Beruf und in der angestammten Lebenswelt vom Franziskanischen inspirieren lassen. Als die Kräfte des Regens im September 1886 rapide schwinden, ermöglicht es ihm der Kapuziner Wolfgang Berger, der die Drittordensgemeinde Dillingens leitet, vor Ablauf des Einführungsjahres sein Ordensversprechen abzulegen. Das geschieht am 1. Oktober.[152]

Zwei Monate zuvor hat der Novize und Beichtvater sein geliebtes Frauenkloster ein letztes Mal besucht. Kurz darauf traf ihn ein neuer Schlaganfall. Keine zwei Wochen nach seiner Ordensprofess stirbt Johannes Wagner am Nachmittag des 10. Oktober 1886.

Klein von Gestalt und gesegnet mit einem robusten Naturell, hat der Gottesmann und Menschenfreund das hohe Alter von nahezu 80 Jahren erreicht. Noch mit 78 Jahren nahm er strapaziöse Reisen auf sich. Sein Leben lang schlief er extrem wenig und begnügte sich mit kargem Essen, arbeitete viel und nahm sich die Sorgen zahlloser Menschen zu Herzen. Jede Woche verbrachte er viele Stunden im Beichtstuhl. Über seine Hauptaufgabe als Regens hinaus widmete er sich der Begleitung der Schwestern und dem Aufbau der sieben Einrichtungen für Menschen mit Behinderung. In diesen haben zu Lebzeiten des Stifters insgesamt 832 Kinder und Frauen ein Zuhause, Fürsorge und Förderung gefunden. 532 von ihnen lebten damals aktuell in einem der sieben Zentren; 300 Taubstumme oder Menschen mit geistiger Behinderung konnten, durch Bildung befähigt, wieder in ihre Familien zurückkehren.[153]

Die Beerdigung ——➤ 18 drei Tage nach Wagners Tod gleicht »einem österlichen Triumphzug«.[154] Am 13. Oktober 1886 läuten kurz nach Mittag alle Glocken der Stadt, als Domdekan Valen-

tin Thalhofer von Eichstätt als enger Freund und früherer Weggefährte den Verstorbenen im Sarg segnet. Taubstumme Kinder
und Frauen, Alumnen mit Fackeln, Kapuziner, Professoren, Offi-
ziere, der Stadtmagistrat, der Stadtklerus, zahllose Geistliche aus
verschiedenen Diözesen und viel Volk begleiten den Zug, bis der
Sarg in die neue Gruft gesenkt wird, in der schon Regens Lorenz
Benedikt Schlichting 1843 seine letzte Ruhe fand. Bei der Beerdigung fehlen die Schwestern, weil Klausurvorschriften sie an
der persönlichen Teilnahme hindern. Der Verstorbene hinterlässt
13 Mark und 35 Pfennig an Bargeld, sodass der Bischof die verbleibenden Kosten für die Pflege und die Beerdigung durch die
Priesterhaus-Stiftung decken lässt.

Als »Universalerben« setzt der Regens das Taubstummeninstitut in Dillingen ein. »Grundbesitzungen«, die er für seine Stiftungen in Dillingen, Glött, Zell, Hohenwart, Lauterhofen und
Holnstein erworben hat und die zum Teil noch auf seinen Namen
verzeichnet sind, sowie alles Inventar sollen diesen Sozialwerken
als Legat übereignet werden. Michelfeld ist erst zwei Monate
vor Wagners Tod zur Rechtsperson geworden, kann damit aber
ebenfalls Eigentümer von Land und Gebäuden samt Ausstat-
tung werden.[155] Seine Verwandten gehen bis auf einige Erinne-
rungsstücke leer aus. Einen alten Säbel und das Jagdgewehr der
Wittislinger Zeit erhält sein treuer Bruder Josef Wagner.

Die Regens-Wagner-Stiftungen, die beim Hinscheiden des
Gründers sieben Niederlassungen zählen, werden unter dem vom
Bischof ernannten neuen Direktor, dem Dillinger Stadtpfarrer
Magnus Niedermair, in der 24-jährigen Amtszeit um vier Werke
erweitert: 1889 kommt *Lautrach* bei Memmingen dazu, 1895
Burgkunstadt in Oberfranken, 1904 *Holzhausen* bei Landsberg,
1910 *Absberg* in Mittelfranken. In der jüngeren Geschichte ent-

stehen zusätzliche regionale Zentren in *Erlkam* (zuvor Unterhaching), *München* und *Rottenbuch*. Im Jahr 2000 folgt der Schritt über Deutschland hinaus ins ungarische Balatonmáriafürdö.

Heute bilden 14 regionale Zentren in Bayern das Regens-Wagner-Werk. Darüber hinaus erbringen weitere Rechtspersonen, an denen Regens Wagner beteiligt ist, sowie die eigenständige Regens-Wagner-Stiftung in Ungarn differenzierte Assistenzangebote für Menschen mit Behinderung.[156]

Letztes Intermezzo

Liebe Maria Theresia, lieber Johannes,

nach diesem Gang durch euer Leben stellt sich mir und wohl auch Leserinnen und Lesern die Frage, was euch beide verbunden hat. Es muss weit mehr gewesen sein als das Amt, in das die Schwestern ihre »Meisterin« 14-mal wählten, und die Sorge, mit der der Bischof den Beichtvater und »geistlichen Direktor« während 43 Jahren betraute! Ich höre eure Antwort primär aus eurem Tun und bedaure zugleich, dass kaum Briefe erhalten sind, die ihr einander persönlich geschrieben habt. Verbundenheit zeigt sich mir in eurem gemeinsamen und gleichermaßen beherzten Einsatz für Menschen, denen ihr mit Bildung bessere Zukunftschancen eröffnet oder durch eure Aufmerksamkeit und euer Engagement Teilhabe an der Gemeinschaft und Mitgestaltung der Gesellschaft ermöglicht habt. Gemeinsam ist euch der franziskanische Spirit, der Weltliebe mit Gottsuche verbindet, der Menschen aller Art auf Augenhöhe begegnet und der die Tatkraft der biblischen Marta mit der Gottverbundenheit ihrer Schwester Maria in Einklang bringt. Mit vereinter Kraft geht ihr zudem klug mit einer Kirche und einem Staat um, deren Beamtenmentalität wenig Sinn für Geschwisterlichkeit im Sinn des Evangeliums zeigt, sei es gemeinschaftsintern oder im Einsatz für bedürftige Menschen.

Dass die Generaloberin der Dillinger Schwestern und der Direktor der Regens-Wagner-Stiftungen gemeinsam eine Doppelbiografie über euch beide angeregt haben, zeigt mir, wie nachhaltig die erste der genannten Gemeinsamkeiten weit über euren Tod hinaus sowohl die Schwestern wie das Sozialwerk prägt: vereinter Einsatz für die individuelle Förderung und inklusive Teilhabe von Menschen, die als Mädchen bescheidenere Bildungschancen hatten oder mit Handicaps unter Exklusion litten. Bis heute engagieren sich die Regens-Wagner-Stiftungen, getragen von den Dillinger Franziskanerinnen und von Tausenden von Mitarbeitenden, für Menschen mit Behinderung: eine beeindruckende Kontinuität und ein kostbares Erbe!

Der franziskanische Geist hat dich, Sr. Theresia, seit Beginn deines Klosterlebens geleitet: Du hast deine Gemeinschaft nicht dominiert, sondern koordiniert. Du hast die Stimmen aller Schwestern in wichtige Entscheidungen einbezogen und Gottes Stimme aus demokratischen Prozessen herausgehört. Du hast die kirchenrechtliche Zurücksetzung von Laienschwestern bei Wahlen und im Konventkapitel nicht ertragen. Als 1847 in Medingen die dort verantwortliche Sr. Ignatia Reindl zusammen mit dem Beichtvater Josef Anton Baumeister gegen dich rebellierte, hat sie nicht Sanktionen, sondern Versöhnung erfahren.[157] Wie Franz von Assisi hast du erkannt, dass eine ungesunde Askese und Raubbau an den eigenen Kräften den Leib als Geschöpf Gottes schädigen und dem Schöpfer nicht gefallen können.

Und du, Johannes, entdeckst den franziskanischen Geist im Zusammenwirken mit den Schwestern. Schon als Bauernsohn ein Naturbursche, bleibst du es dein Leben lang und bist oft zu Fuß unterwegs. Deine Tierliebe wird jedoch immer zärtlicher. In deinen Sozialeinrichtungen lässt du Kinder mit Tieren vertraut werden und in deinem eigenen Zimmer dürfen auch Spinnen und Mäuse leben. Das franziskanische Vertrauen der Schwestern, dass eigene Arbeit und mutiger Einsatz für den Nächsten als wirtschaftliche Fundamente stärker sind als ängstliche Finanzpläne, springt in deinen sozialen Gründungen auf dich über und verbindet sich mit beherzten Fundraising-Ideen. Dass beim Beten nicht viele Worte, sondern Hingabe zählt – »Gott wiegt das Gebet, er zählt es nicht«[158]–, erinnert an die Inschrift des Chorgestühls in San Damiano bei Assisi: »Non vox sed votum, non clamor sed amor, non cordula sed cor psallit in aure Dei – Nicht die Stimme, sondern das Versprochene, nicht die Lautstärke, sondern die Liebe, nicht die Saite, sondern das Herz klingt in Gottes Ohr!«[159] Franz von Assisi würde auch deinem Motto bezüglich Lebensunterhalt in deinen Gründungen zutiefst zustimmen: »Wer uns Arbeit gibt, gibt uns Brot!«[160] Nicht Betteln, sondern der Einsatz der eigenen Talente zeichnet sowohl die ersten Franziskaner als auch die Kinder und Frauen in deinen Sozialeinrichtungen aus.

Franziskanischer Geist zeigt sich ebenso in beherztem Teilen. Es rührt mich, dass du einmal sogar dein Bett an eine mittellose Familie verschenkst, danach drei Jahre in einer Kapuzinerkutte schläfst und dich am Ende deines Lebens im Kleid des Dritten Orden begraben lässt. Nach Jesu Rat an den Reichen kommt dein Hab und Gut nicht den eigenen Verwandten zu, sondern sozial Schwachen. Wie tröstlich muss dein geliebter Bruder Josef es empfunden haben, der nach der Übergabe des Hofes in Dillingen lebte und dich im Aufbau von Michelfeld unterstützte, dass er deine Jagdflinte aus deiner ersten Priesterzeit erben konnte! Was Subregens Ahle über dein letztes Lebensjahr berichtet, das du gelähmt und hilfsbedürftig durchlitten hast, erinnert an Franziskus' Erzählung von der wahren Freude und an sein Weisheitswort über die Friedensstifter, die sich als wahre Söhne und Töchter Gottes erweisen: »Jene bringen der Welt den wahren Frieden, die bei allem, was sie hier auf Erden erleben und erleiden, an Leib und Seele den Frieden bewahren« – und die Geduld nicht verlieren.[161]

Alle beide zeichnet ihr euch durch Geschwisterlichkeit aus: sei es innerhalb eurer Gemeinschaft im Konvikt des Priesterseminars oder in der Kongregation mit all ihren Filialen, sei es im

Umgang mit Bedürftigen, sozial Gefährdeten oder Menschen mit Handicaps. Jeder Mensch ist Tochter und Sohn Gottes, und durch Krankheit oder Behinderung entstellte Gesichter gleichen einer verkrusteten Perle, die liebevoll behandelt ihre verborgene Schönheit aufstrahlen lässt. Gerade weil ihr Jung und Alt, Angesehenen und Verachteten sorgsam und auf Augenhöhe begegnet, irritiert uns heute die Rolle, in die euch die damalige Kirche drängt: Als Meisterin, Sr. Theresia, wirst du von deinen Schwestern als »liebste Mutter« angesprochen und als Beichtvater du, Johannes, als »unser Vater«. Als solcher schreibst du den Schwestern im Lazaretteinsatz väterliche Briefe und sprichst sie als deine »lieben Kinder« an. In neuen Niederlassungen vertraust du deine »geistlichen Töchter« der Seelsorge des Ortspfarrers an, den du »caritate fraterna« (in geschwisterlicher Liebe) ansprichst.[162] Als du dein Amt als Beichtvater in Dillingens Großem Kloster nach 42 Jahren nur noch reduziert wahrnehmen kannst, zitiert die Chronistin den Bischof: »H. Hr. Regens bleibe der Leiter und Vater der Klosterfrauen, wie es im Schematismus stehe«.[163] Die Chronistin des Klosters Medingen schreibt im Nachruf, dass die Schwestern in allen Filialen »so viele Jahre sich des Glücks erfreuten, seine geistlichen Töchter sich nennen zu dürfen«.[164] Auch da ist Franz von Assisi Ähnliches widerfahren: Sowohl Brüder wie Klara nannten ihn »unseren Vater«, während er sich konsequent als Bruder bezeichnete und, wenn er als Verantwortlicher eingreifen musste, es betont mütterlich tat, weshalb ihn einige Brüder auch »mater carissima« nannten.[165]

Auch wenn du, Johannes, von deinem Bischof und den Schwestern selbst als Beichtvater und geistlicher Direktor der Kongregation in eine väterliche Rolle gedrängt worden bist, hast du dich mitnichten als Patriarch verhalten. Es zeugt vielmehr von deiner

Beziehungskultur auf Augenhöhe, dass du Schwestern in Filialen und Einrichtungen deine Unterstützung immer wieder als »Mitsorger« zugesagt hast. Und es ehrt dich, dass du eine starke Meisterin unterstützt hast, die du in deinem Brief aus Augsburg in liebender Verehrung als Freund ansprichst. Eure gemeinsame Sorge ist von den Schwestern dankbar als die von geistlichen Eltern wahrgenommen worden. Das vertrauensvolle Zusammenspiel sowohl in der Entfaltung der Gemeinschaft wie auch im Aufbau der Sozialwerke hat ein Klima des Vertrauens und der Geborgenheit geschaffen, in dem eine jährlich wachsende Zahl von Schwestern ihr Bestes geben konnte: Sie taten es beherzt in vielfältigen Niederlassungen und für eine menschlichere Welt.

Und dafür danke ich euch, Tochter und Sohn eurer eigenen Zeit und mit eurem gemeinsamen Engagement zugleich ein lebendiges Vermächtnis: Menschenliebe und Gottesfreundschaft wollen in jeder Zeit neu zusammenspielen und ebenso beherzt wie tatkräftig für eine solidarische Welt einstehen!

Von Herzen dankbar für eure gelebte Botschaft,
Niklaus

Mein Intermezzo

am anfang

ein mensch
suchend und fragend
hörend und sehend
fühlend und spürend

am anfang

zwei menschen
suchend und fragend
hörend und sehend
fühlend und spürend

am anfang

eine welt, wie sie ist
eine zeit, wie sie ist
grausam und schön
erhebend und vernichtend
grob und zärtlich

am anfang

ein zündender funke
vom himmel zur erde
von gott zu den menschen
vom hirn ins herz

am anfang

eine geistreiche idee
von der gleichheit aller menschen
von der würde jedes einzelnen
von der geschwisterlichkeit
ganz gleich ob
mann oder frau
jung oder alt
arm oder reich
vertraut oder fremd
oben oder unten
bevorzugt oder benachteiligt

am anfang

der funke der überspringt
von mensch zu mensch
von damals ins heute
von dir zu mir
von mir zu dir

am anfang

ein funke
der geschichte schreibt
eine geschichte die zukunft hat
wenn …
wenn ich mich entflammen lasse

am anfang

rainer remmele

Sr. Theresia Haselmayr und Regens Johannes E. Wagner.
Gemälde von Sr. Nicole Oblinger

Diese Geschichte weiterschreiben

Ein Blick zurück nach vorn

Als neue Mitarbeiterin der Regens-Wagner-Direktion erhielt ich die spannende und ehrenvolle Aufgabe, das Nachwort zur Doppelbiografie von Theresia Haselmayr und Regens Wagner zu verfassen. Bekannt sind mir die Regens-Wagner-Stiftungen bereits durch mein freiwilliges ökologisches Jahr, welches ich von 2012 bis 2013 bei Regens Wagner Zell absolviert habe. Ich hatte schon dort mehrere Berührungspunkte mit den Leitlinien der beiden Gründerpersönlichkeiten. Ob bei der Mitarbeit in den Arbeitsgruppen in der Werkstatt oder bei der Vorbereitung verschiedener Weihnachts- und Osterbasare – das Gemeinschaftsgefühl und die starke Verbundenheit waren für mich immer zu spüren.

Für mich lohnt sich die Auseinandersetzung mit dem Lebenswerk von Theresia Haselmayr und Regens Wagner zu jedem Zeitpunkt. Die Doppelbiografie zeigt mir, welche zwei starken

Gründerpersönlichkeiten dem heutigen Regens-Wagner-Werk vorausgegangen sind. Durch ihre tiefe Verbundenheit, ihre Willensstärke und ihr Durchhaltevermögen haben sie ein großes Lebenswerk geschaffen, was mich zutiefst beeindruckt. Der Zusammenhalt der Schwestern, die sich ebenfalls gemeinschaftlich eingesetzt und so vieles mitgestaltet haben, ist auch in Anbetracht der oft schwierigen äußeren Umstände bemerkenswert. Ohne das Mitwirken aller hätte dieses Werk nie so groß werden können.

Wie Bruder Niklaus möchte auch ich jetzt gern einige Gedanken direkt an euch beide, Clara und Johannes, richten:

Zunächst möchte ich mich bei euch beiden bedanken. Danke für euer Lebenswerk. Dadurch habt ihr mir den Weg in Richtung einer gelingenden Inklusion gezeigt. Mir imponieren insbesondere eure mutige Leidenschaft, eure gemeinsame Verbundenheit und euer energisches Engagement für eine bessere Welt, insbesondere für Menschen mit Behinderung und sozial Benachteiligte. Ich bin der Überzeugung, wir müssen mit vereinten Kräften eure Geschichte weiterschreiben.

Sollte ich persönlich einmal vor einem Problem stehen, das mir unüberwindbar scheint, kann ich durch eure Lebenswege lernen, dass ich niemals die Hoffnung aufgeben sollte. Mich und die heutige Gesellschaft bewegen andere Probleme als euch damals. Besonders die andauernde Corona-Pandemie gibt mir immer wieder das Gefühl der Perspektivlosigkeit und ich werde müde und kraftlos. Nichtsdestotrotz versuche ich, nicht den Glauben an die Kraft der Gemeinschaft und vor allem an die Schwesterlichkeit und Brüderlichkeit zu verlieren, da wir nur gemeinsam und solidarisch die Pandemie überwinden werden. *Den Weg wie ihr damals gemeinsam meistern und eine lebendige Zukunft gestalten; die Funken sprühen und sich zu einem Feuerwerk entwickeln lassen – das wünsche ich mir für mich!*

Sollte in meinem Leben etwas anders verlaufen als geplant, sollte ich wohl nicht gleich »den Kopf in den Sand stecken«, sondern an dieser Herausforderung wachsen. Wie du, Johannes, sagtest: »Alles Gute kostet Kampf und ist ihn wert«. Hier gebe ich dir recht: Auch bei einem Scheitern sollte ich mich nicht von Zukunftsängsten unterkriegen lassen, sondern mit Geduld und Zuversicht meinen Weg weitergehen und aus jeder Handlung etwas mitnehmen und für die Zukunft lernen.

Wenn ich fernsehe, ins Internet gehe oder Social Media-Beiträge von Bloggern lese, kommt es mir oft so vor, als ob ein Mensch nur noch etwas wert ist, wenn er viel Geld, Macht und Erfolg hat oder perfekt aussieht. Dein Plädoyer als 19-Jähriger, Johannes, »die menschliche Gesellschaft in eine wahre Menschenfamilie zu verwandeln«, hat mich sehr berührt. Eine wahre Menschenfamilie beurteilt jemanden nicht nach seinem äußeren Erscheinungsbild, sondern legt ihren Blick auf seine inneren Werte. Ich möchte euch sagen, dass ich diese Botschaft noch mehr in meinen Alltag mitnehmen möchte.

In bin in einer liebevollen und warmherzigen Familie aufgewachsen. Diese Verbundenheit, der Zusammenhalt und vor allem auch der immer vorhandene Rückhalt waren enorm wichtig für mich und haben mich zu einem offenen, empathischen Menschen gemacht. Der Blick nach rechts und links abseits der allgemein anerkannten Normen und Werte einer Gesellschaft hat meinen Horizont erweitert. Ich kenne aber auch andere Familien, die ihren Kindern diese Möglichkeiten nicht bieten konnten und deren Lebensumstände schwieriger waren als meine. Ihr beide habt mir durch euer Engagement aufgezeigt, dass ich noch mehr solchen Menschen zur Seite stehen sollte, die nicht die besten Chancen und Aussichten auf eine gelingende Zukunft haben. *Gemeinsam durch eine starke Verbundenheit Gutes bewirken. Das nehme ich mir vor!*

In unserer digitalen Welt, in der auch ich über virtuelle Wege wie Instagram oder Facebook im ständigen Austausch mit Freunden oder Bekannten stehe, wünsche ich mir immer häufiger, dass wir alle rücksichtsvoller und fairer miteinander umgehen. Die Anonymität im Internet begünstigt Mobbing mehr als in der »realen« Welt. Ihr kanntet noch nicht die Möglichkeit der virtuellen Vernetzung und Begegnung, durch die wir uns heute für unsere Werte und Ideale einsetzen können. Durch die Unterstützung sozialer Projekte über Instagram versuche ich mich im positiven Sinn virtuell zu engagieren. *Gemeinsam durch ein starkes gesellschaftliches Bündnis Hilfen und Unterstützung anbieten! Ich möchte weiterhin einen Beitrag zu einer vielfältigen und gerechteren Welt leisten.*

Ich glaube auf jeden Fall, dass jeder Mensch mit seiner individuellen Persönlichkeit gewinnbringend für eine gelingende Gesellschaft ist. Jeder sollte möglichst selbstbestimmt Entscheidungen treffen und leben können. Ob ein Mensch eine Behinderung hat oder nicht, spielt für mich dabei keine Rolle. *Nutzen wir diese Entscheidungsfreiheit, um uns ein gemeinsames Bündnis für Engagement aufbauen zu können!*

Es werden in meinem Leben bestimmt immer wieder Situationen eintreten, die sich für mich als schwierig und vielleicht sogar als unüberwindbar erweisen. Dennoch kann ich an eurer Spiritualität Anteil haben, glauben und hoffen. Der Glaube schenkt uns

Kraft und Mut. Wie du, Johannes, sagst: »Wir sind nicht allein auf dem Weg, Gott geht mit uns«.

Nochmal Danke an euch beide. Durch das Werk von Niklaus Kuster über euer Leben, euer Handeln und euer Denken bin ich um einiges kenntnisreicher, nachdenklicher und hoffnungsvoller geworden.

Annika Gogg

Abkürzungen

AGDF   Archiv des Generalats der Dillinger Franziskanerinnen

ADRWD   Archiv der Regens-Wagner-Stiftungen

ABA   Archiv des Bistums Augsburg

PS   Priesterseminar

BBKL   Biographisch-Bibliographisches Kirchenlexikon

Herkunft der markanten Zitate im Text

Die Zusammenschau der beiden Lebensgeschichten ist mit Perlen angereichert, die als herausgehobene Aussagen der beiden Pioniergestalten im Text erscheinen. Die meisten persönlichen Maximen und Lebensweisheiten sind original wiedergegeben. Einzelne sind längeren Äußerungen entnommen und in diesem Buch leicht verkürzt abgedruckt. Quellennachweis:

Seite 29: Johann Ev. Wagner, Vortrag »Wie man im Namen Jesu arbeiten soll«, in: Ullrich, Bd. 2 (siehe unten Anmerkung 23).

Seite 31: Sr. Theresia Haselmayr, Brief an Bischof Peter von Richarz, 07.03.1840, in: Schreyer, Geschichte. 2, 108–109.

Seite 33: Johann Ev. Wagner, Kalenderspruch 1862, in: Ullrich, Bd. 6.

Seite 43: Sr. Theresia Haselmayr, Entwurf für einen Brief an Pfarrer Andreas Rödle, Au am Inn, 11.12.1853 (AGDF).

Seite 45: Johann Ev. Wagner, Kalenderspruch, in: Ullrich, Bd. 6.

Seite 50: Johann Ev. Wagner, Anrede zum Fest der Wundmale des hl. Franziskus, 17.09.1845, in: Ullrich, Bd. 7.

Seite 58: Johann Ev. Wagner, Persönlicher Grundsatz, zit. von seinem Subregens Johann Nepomuk Ahle: Johannes Evangelist Wagner, in: Literarische Beilage zur Augsburger Postzeitung vom 12.05.1920, Nr. 8/1920, 30.

Seite 61: Sr. Theresia Haselmayr, Entwurf für einen Brief an Pfarrer Andreas Rödle, Au am Inn, 11.12.1853 (AGDF).

Seite 66: Johann Ev. Wagner, Vortrag »Von der Eingezogenheit«, 1868, in: Ullrich, Bd. 2.

Seite 67: Nach Johann Ev. Wagner, Vortrag »Von der Losschälung«, in: Ullrich, Bd. 3.

Seite 71:   Sr. Theresia Haselmayr, Brief an Kooperator Thomas Braun, Holzkirchen, 29.12.1850, in: Schreyer, Geschichte. 2, 215–216.

Seite 77:   Johann Ev. Wagner, Kalenderspruch, in: Ullrich, Bd. 6.

Seite 80:   Johann Ev. Wagner, Traktat zur Wohltätigkeit (ABA).

Seite 86:   Sr. Theresia Haselmayr, Entwurf eines Briefes an Pfarrer Rödle in Au am Inn, 11.12.1853 (AGDF).

Seite 88:   Johann Ev. Wagner, Traktat zur Wohltätigkeit (ABA).

Seite 93:   Nach: Sr. Theresia Haselmayr, Brief an Bischof Pankratius von Dinkel, 02.12.1863, in: Schreyer, Geschichte. 2, 470–472.

Seite 101:   Sr. Theresia Haselmayr, Brief an Bischof Peter von Richarz, 1837, in: Schreyer, Geschichte. 2, 60–61 (siehe unten Anmerkung 3).

Seite 107:   Johann Ev. Wagner, Traktat zur Wohltätigkeit (ABA).

Seite 111:   Johann Ev. Wagner, Statuten der Cretinen-Anstalt Dillingen-Glött, 1869 (ADRWD).

Seite 114:   Johann Ev. Wagner, Vortrag »Von der Andacht«, in: Ullrich, Bd. 4.

Seite 126:   Johann Ev. Wagner, Vortrag über die Maxime der Heiligen, in: Ullrich, Bd. 2.

Seite 131:   Johann Ev. Wagner, Ein Wort und Werk des Friedens – Bittschreiben an den Klerus zum Kauf von Schloss Glött, 1869, in: Feihl, Lebensbeschreibung, 573–574 (siehe unten Anmerkung 9).

Seite 132:   Johann Ev. Wagner, Statuten der Cretinen-Anstalt Dillingen-Glött, 1869 (ADRWD).

Seite 133:   Sr. Theresia Haselmayr, Brief an die Königliche Schullehrer-seminar-Inspektion, 25.09.1843, in: Schreyer, Geschichte. 2, 150–151.

Seite 135:   Sr. Theresia Haselmayr, Brief an den Magistrat der Stadt Dillingen, 14.01.1840, in: Schreyer, Geschichte. 2, 104–105.

Seite 149: Johann Ev. Wagner, Preis-Verzeichnis der Ornate und Kir-
chenparamente (Vorwort mit Aufruf zu Bestellungen), 1881
(ADRWD).

Seite 153: Sr. Theresia Haselmayr, Brief an den Magistrat der Stadt
Dillingen, 29.01.1840, in: Schreyer, Geschichte. 2, 105.

Seite 161: Nach: Andreas Grünwald, Chronik des Klosters und Mark-
tes Hohenwart, 409 (Archiv RW Hohenwart).

Seite 162: Johann Ev. Wagner, Kalenderspruch 1880, in: Ullrich, Bd. 6.

Bildnachweis

Sr. Gerda Friedel: Seite 179

Conny Kurz: Seiten 27, 32, 40, 41, 48, 51, 60, 78, 83, 100, 108, 115, 122, 130, 148, 151

Franz Lechner: Seite 59

Rainer Remmele: Seiten 65, 85, 90, 92, 103, 127, 159, Nachsatz-Doppelseite

Bernadette Wecker-Kleiner: Vorsatz-Doppelseite, Seiten 9, 13, 30, 168, 181

George Francis Xavier: Seite 17

Anmerkungen

1 Dazu Niklaus KUSTER, *Franz und Klara von Assisi. Eine Doppelbiografie,* Kevelaer 2016, und neu: Martina KREIDLER-KOS – Niklaus KUSTER, *Bruder Feuer und Schwester Licht. Franz und Klara von Assisi,* Ostfildern 2021.

2 Die neueste Biografie haben die Regens-Wagner-Stiftungen herausgegeben: Peter RUMMEL, *Johann Evangelist Wagner. Ein Leben für andere,* München 2010; sie aktualisiert das gleichnamige Lebensbild von Friedrich ZOEPFL, das 1967 in Dillingen erschien. Wagners geschichtliche Bedeutung zeigt sich im *Biographisch-Bibliographischen Kirchenlexikon:* Nur gerade vier Persönlichkeiten erfahren im deutschen Standardwerk unter dem Buchstaben W eine vergleichbar ausführliche Würdigung: Manfred BERGER, *Johann Evangelist Wagner,* in: *BBKL* 20, Nordhausen 2002, Sp. 1509–1516.

3 Lioba SCHREYER, *Geschichte der Dillinger Franziskanerinnen.* Bd. 1: *Von der Gründung bis zur Restauration 1241–1817;* Bd. 2: *19. Jahrhundert seit der Restauration,* Dillingen 1980–1982; über die Zeit von Haselmayrs Bewerbung bis zu ihrem Tod: Bd. 2, 34–627.

4 Michaela HAAS, *Geschichte der Dillinger Franziskanerinnen von 1241 bis 1900,* Lindenberg 2017; zur Ära Haselmayr: 130–223. Das Buch der in Brasilien tätigen Schwester erschien auch auf Portugiesisch: *História de Irmãs Franciscanas de Dillingen,* und auf Englisch: *History of the Franciscan Sisters of Dillingen. From 1241 to 1900,* Lindenberg 2018.

5 Marcus Tullius CICERO, *De oratione* II 36: »historia magistra vitae«.

6 Dazu SCHREYER, *Geschichte der Dillinger Franziskanerinnen.* 1, 343–346, zit. 345.

7 Joseph SCHMIDT, *Ein Noth- und Hülfsbüchlein für Arme,* München 1817.

8 Zur Stammtafel über acht Generationen: Franz WEIGL, *Johann Evangelist Wagner. Eine Lebensgeschichte,* München 1931, 13.

9 Für die biografischen Einzelheiten: Gertraud FEIHL, *Johann Evangelist Wagner. Lebensbeschreibung,* Dokumentation der Vizepostulatorin im Seligsprechungsprozess, Dillingen 2004 (Skript von 1500 Seiten) im AGDF; zur Kindheit: 11–12, mit weiteren Details und Quellenzitaten im Anmerkungsteil; ergänzend dazu 17 Broschüren, die dieselbe Autorin 2007/2008 für die Regens-Wag-

ner-Werke erarbeitet hat: hier Heft 1, *Regens Johann Evangelist Wagner: »Du gehörst zu uns«* (2004/4).

10   Für die Gottesdienste kommen sowohl die offizielle Pfarrkirche in Ziertheim wie die Dorfkirche von Dattenhausen in Frage: Sie liegen nur gerade anderthalb Kilometer Fußweg auseinander. Josef Philipp, der aktuelle Pfarrer von Ziertheim, sieht den jungen Wagnerbuben im eigenen Dorf und seiner Taufkirche ministrieren.

11   Ausführlich zur Welt von Wagners Kindheit und Jugend bis zum Abitur: Friedrich ZOEPFL, *Johannes Evangelist Wagner. Ein Leben für andere,* Dillingen 1967, 19–27.

12   Nach Bernhard Brenner, Historiker im Archiv der Regens-Wagner-Stiftungen (ADRWD), dessen Recherchen wertvolle Einzelheiten für dieses Buch klären halfen.

13   SCHREYER, *Geschichte der Dillinger Franziskanerinnen.* 1, 230–263.

14   Das romantische Gedicht über sein Vaterhaus findet sich mit allen neun Strophen bei FEIHL, *Lebensbeschreibung,* 1272.

15   Sr. Mathilde Ullrich bezeichnet die nahe Verwandte als Base, was in Altbayern eine Tante oder eine Kusine bezeichnen kann.

16   SCHREYER, *Geschichte der Dillinger Franziskanerinnen.* 1, 354.

17   So in einem Brief des Konvents an den König vom 28. Januar 1823, abgedruckt in: SCHREYER, *Geschichte der Dillinger Franziskanerinnen.* 2, 16–17.

18   »Johannesle« ist eine liebevolle Selbstbezeichnung mit Blick in seine jungen Jahre: FEIHL, *Lebensbeschreibung,* 1372.

19   Den Festtag schildert mit den Quellen SCHREYER, *Geschichte der Dillinger Franziskanerinnen.* 2, 41–44.

20   Zit. SCHREYER, *Geschichte der Dillinger Franziskanerinnen.* 2, 47.

21   Wir bevorzugen für den erwachsenen Hans fortan die Namensform, welche seine Freunde verwendeten und mit der er selber freundschaftliche Briefe unterschrieb: »Johannes«: vgl. dazu die Belege bei FEIHL, *Lebensbeschreibung,* 21 (Regens Schlichting), 40 (Schematismus des Bistums) und 499 (Unterschrift).

22   Zit. FEIHL, *Lebensbeschreibung,* 21.

23   Zit. nach Sr. Mathilde Ullrich, *Biographie,* Handschrift-Bd. 1, 27: Das Zitat erscheint hier näher am Wortlaut der Zeit, als Feihl es formuliert, wie Bernhard Brenner, Historiker im ADRWD, bemerkt. Ullrich hat ab 1860, also bereits zu Lebzeiten und nach dem Tod von Johann Ev. Wagner, Biografisches, Auszüge aus Vorträgen, Kalendersprüche, Mahnworte, Predigten und Briefe in sieben handschriftlichen Bänden gesammelt. Die Bände finden sich im Archiv der Regens-Wagner-Provinz.

24 Der langjährige Regens Wittmann wurde Monate nach dieser Begegnung, am 21. Mai 1829, Weihbischof in Regensburg. Regens Wagner behielt ihn sein Leben lang als Vorbild vor Augen und hatte eine kleine Wachsbüste von ihm in seinem Zimmer stehen.

25 *Die Universität Dillingen und ihre Nachfolger. Stationen und Aspekte einer Hochschule in Schwaben,* hg. von Rolf KIESSLING, Dillingen an der Donau 1999.

26 Heribert RAAB, *Joseph Görres. Ein Leben für Freiheit und Recht,* Auswahl aus seinem Werk, Paderborn 1978.

27 Zu Wagners Studienzeit in München und Dillingen: WEIGL, *Johann Evangelist Wagner,* 16–26; und kurz FEIHL, *Lebensbeschreibung,* 15–17.

28 Brief des Augsburger Ordinariats an Johannes Wagner vom 11. Oktober 1831: Original im Archiv des Bistums Augsburg (ABA), Akten des Priesterseminars (PS) 2328, Personalakten von Johann Evangelist Wagner: Abschrift in FEIHL, *Lebensbeschreibung,* 50.

29 Gertraud FEIHL, Heft 2, *Regens Johann Evangelist Wagner: »Er bereitet sich auf seinen Beruf als Priester vor«* (2007/5), 11.

30 Original des Schreibens ans Ordinariat: ABA PS 2011, Abschrift bei FEIHL, *Lebensbeschreibung,* 61.

31 HAAS, *Geschichte der Dillinger Franziskanerinnen,* 136.

32 Voller Text des Schreibens: SCHREYER, *Geschichte der Dillinger Franziskanerinnen.* 2, 54; da auch die im Folgenden zitierten Quellen zum Prozedere vor, bei und nach der Wahl: ebd. 52–61 (= »Die Wahl der Meisterin M. Theresia Haselmayr«).

33 SCHREYER, *Geschichte der Dillinger Franziskanerinnen.* 2, 83.

34 Schreiben des Domkapitels in einer Vakanz nach dem Tod des Bischofs: ABA PS 2232, Abschrift bei FEIHL, *Lebensbeschreibung,* 64.

35 Dazu: Gerhard Vogt, *Geldeswert:* http://www.lippold-dauernheim.de/html/geldeswert.html (abgerufen am 1. Oktober 2020).

36 FEIHL, *Lebensbeschreibung,* 113–115.

37 Mit der Quellendokumentation: SCHREYER, *Geschichte der Dillinger Franziskanerinnen.* 2, 62–79.

38 Zit. HAAS, *Geschichte der Dillinger Franziskanerinnen,* 37; die kompakt zusammengefasste Vorgeschichte ausführlicher: ebd. 12–106.

39 Lázaro IRIARTE, *Der Franziskusorden. Handbuch der franziskanischen Ordensgeschichte,* Altötting 1984, 356–373, 365

40 Das Wort wird »eines Tages« und zeitlich unbestimmt datiert: FEIHL, *Lebensbeschreibung,* 39.

41 Schwesterngemeinschaften hatten bis weit ins 20. Jahrhundert hinein gewöhnlich einen offiziell ernannten Beichtpriester *(confes-*

sor ordinarius) und außerordentliche *(confessores extraordinarii),* da das Bußsakrament Vertrauen voraussetzt: Schwestern sollten die Möglichkeit haben, ihr Gewissen einem außenstehenden Priester gegenüber zu öffnen, der mit der Gemeinschaft nicht strukturell verbandelt war.

42 Mit den Fakten und zitierten Quellen: FEIHL, *Lebensbeschreibung,* 116–117, 136.

43 Zur Berufung und Lehrtätigkeit: FEIHL, *Lebensbeschreibung,* 69–75, mit Dokumenten: 91–101.

44 Karl Rödelbronn war Priesteramtskandidat im Seminar von Johannes Wagner.

45 Zit. FEIHL, *Lebensbeschreibung,* 139.

46 Den Fall dokumentiert FEIHL, *Lebensbeschreibung,* 75, 86–87. Das Haus für betagte und arbeitsunfähige Priester war in einem Nebengebäude des Seminars: ZOEPFL, *Johannes Evangelist Wagner,* 39.

47 Johannes E. WAGNER, *Der Chiliasmus in den ersten christlichen Jahrhunderten,* Dillingen 1849.

48 FEIHL, *Lebensbeschreibung,* 120–121.

49 So am 3. September 1844, Abschrift des Briefes in FEIHL, *Lebensbeschreibung,* 186–187.

50 FEIHL, *Lebensbeschreibung,* 124–125, mit den Quellen 145–146 und 185–186.

51 SCHREYER, *Geschichte der Dillinger Franziskanerinnen.* 2, 132–133.

52 Zur Expansion nach Medingen: HAAS, *Geschichte der Dillinger Franziskanerinnen,* 148–155, und mit den Quellen SCHREYER, *Geschichte der Dillinger Franziskanerinnen.* 2, 130–149.

53 FEIHL, *Lebensbeschreibung,* 387, 1231–1232.

54 Zit. SCHREYER, *Geschichte der Dillinger Franziskanerinnen.* 2, 150–151.

55 Zu Wagners Rolle: ZOEPFL, *Johannes Evangelist Wagner,* 46–47.

56 Zur Fundraising-Aktion und ihrem Ausgang: ZOEPFL, *Johannes Evangelist Wagner,* 49–51.

57 Einen Abriss zu dieser Geschichte bietet HAAS, *Geschichte der Dillinger Franziskanerinnen,* 156–166; die Dokumentation zur Verwirklichung des Dillinger Projekts: SCHREYER, *Geschichte der Dillinger Franziskanerinnen.* 2, 150–208.

58 Zur Dependance des Kleinen Klosters: SCHREYER, *Geschichte der Dillinger Franziskanerinnen.* 2, 208–214.

59 »Mitsorger« ist eine Selbstbezeichnung, die Wagner in Briefen an Schwestern gern verwendet: Beipiele finden sich in FEIHL, *Le-*

bensbeschreibung, 131, 150, 207, 752, 812, oft kombiniert als »Freund und Mitsorger«: 866, 1021, 1058, 1169, oder auch »Mitstreiter und Mitsorger«: 1269.

60 FEIHL, *Regens Johann Evangelist Wagner: »Versorgungsanstalt für gehörlose Frauen in Dillingen«* (Heft 2007/10), 7–10.

61 Vgl. HAAS, *Geschichte der Dillinger Franziskanerinnen*, 162; zur je eigenen Rolle der drei: ZOEPFL, *Johannes Evangelist Wagner*, 46–50.

62 Brief an Theresia Haselmayr, Augsburg, 3. Februar [1845], vgl. FEIHL, *Lebensbeschreibung*, 162–163 (Dokument IV/9), nach der Transkription von Bernhard Brenner.

63 Der Augsburger Alois Tischer war Domdekan, Dompfarrer und Bezirksschulinspektor.

64 SCHREYER, *Geschichte der Dillinger Franziskanerinnen*. 2, 144; FEIHL, *Lebensbeschreibung*, 123–125, 144–145 (ich danke Bernhard Brenner für den Tipp).

65 SCHREYER, *Geschichte der Dillinger Franziskanerinnen*. 2, 208; HAAS, *Geschichte der Dillinger Franziskanerinnen*, 170.

66 Michael HOFMANN, *Die Gründung des Ludwig-Missionsvereins*, in: *Franken und die Weltmission im 19. und 20. Jahrhundert*, hg. von Wolfgang Weiß, Würzburg 2011, 113–128.

67 IRIARTE, *Der Franziskusorden*, 366–367.

68 Mit dem Quellendossier zur ganzen Gründungsgeschichte: SCHREYER, *Geschichte der Dillinger Franziskanerinnen*. 2, 218–244, zit. 219.

69 HAAS, *Geschichte der Dillinger Franziskanerinnen*, 178.

70 Quellen zur Gründung: SCHREYER, *Geschichte der Dillinger Franziskanerinnen*. 2, 241–242.

71 Quellen zur Gründung: SCHREYER, *Geschichte der Dillinger Franziskanerinnen*. 2, 242–243.

72 Das Gründungsdrama dokumentiert auf 100 Seiten ausführlich SCHREYER, *Geschichte der Dillinger Franziskanerinnen*. 2, 245–346.

73 Das Visitationsdekret und seine Folgen analysiert HAAS, *Geschichte der Dillinger Franziskanerinnen*, 143–146.

74 Brief vom 12. Dezember 1853, abgedruckt in SCHREYER, *Geschichte der Dillinger Franziskanerinnen*. 2, 260–262.

75 Das Ringen um die »Errichtung des Nonnenklosters« dokumentiert SCHREYER, *Geschichte der Dillinger Franziskanerinnen*. 2, 270–275.

76 Die beiden Gründungen skizziert HAAS, *Geschichte der Dillinger Franziskanerinnen*, 188–192, ausführlicher mit den Quellen: SCHREYER, *Geschichte der Dillinger Franziskanerinnen*. 2, 347–381.

77 Zit. SCHREYER, *Geschichte der Dillinger Franziskanerinnen.* 2, 390.

78 Zit. SCHREYER, *Geschichte der Dillinger Franziskanerinnen.* 2, 390 und 391.

79 Zu den fränkischen Gründungen: HAAS, *Geschichte der Dillinger Franziskanerinnen,* 188–196.

80 Zu den Anfängen im schwäbischen Altenberg, das jetzt Syrgenstein heißt: SCHREYER, *Geschichte der Dillinger Franziskanerinnen.* 2, 519–525.

81 HAAS, *Geschichte der Dillinger Franziskanerinnen,* 201–203.

82 Zu den Lebensdaten des jungen Görres: ZOEPFL, *Johannes Evangelist Wagner,* 28; zu Maximiliana er: FEIHL, *Lebensbeschreibung,* 139.

83 Zit. ZOEPFL, *Johannes Evangelist Wagner,* 56.

84 Archiv der Direktion der Regens-Wagner-Stiftungen (ADRWD), Stammtafeln der Familie Wagner: für die Mutter 30. März 1835 und den Vater 2. Juni 1841.

85 Statuten vom 7. November 1865: Archiv ADRWD, Statuten und Satzungen 1865.

86 Wiedergabe des vollen Dekrets: FEIHL, *Lebensbeschreibung,* 108–109.

87 Mit einer exemplarischen Flächenstudie: Esther VORBURGER-BOSSART, *Die St. Galler Frauenklöster und religiösen Frauengemeinschaften als kultureller und sozialer Faktor,* St. Gallen 2004.

88 Zoe Maria ISENRING, *Die Frau in den apostolisch-tätigen Ordensgemeinschaften. Eine Lebensform am Ende oder an der Wende?* (Praktische Theologie im Dialog. 8), Fribourg ³1996.

89 Korrespondenz zu Wipfeld: SCHREYER, *Geschichte der Dillinger Franziskanerinnen.* 2, 478–484, zit. 480–481.

90 Zu dieser Entwicklung: HAAS, *Geschichte der Dillinger Franziskanerinnen,* 196–199, zit. 199.

91 FEIHL, *Lebensbeschreibung,* 428–429 (Brief des Bischofs und Brief an einen Freund); zur Ernennung und Einsetzung: ebd. 371–378.

92 AGDF, Chronik des Mutterhauses, Eintrag zum 26. Juli 1863, zit. FEIHL, *Lebensbeschreibung,* 476.

93 ZOEPFL, *Johannes Evangelist Wagner,* 39

94 Zu »Wagners Wirken als Regens«: FEIHL, *Lebensbeschreibung,* 378–390, zit: 380.

95 FEIHL, *Lebensbeschreibung,* 386.

96 FEIHL, *Lebensbeschreibung,* 388, mit den Quellen: 460–462.

97 Die von Franz Weigl gesammelten Zahlen finden sich in FEIHL, *Lebensbeschreibung,* 457–458.

98 Das Deutsche Reich ersetzte Taler und Gulden 1871 durch die Mark, wobei der Taler zu 2 Mark und der Gulden zu 3 Mark umgerechnet wurden: http://www.lippold-dauernheim.de/html/geldeswert.html (abgerufen am 1. Oktober 2020).

99 Zum Fest und den Ehrungen: Zoepfl, *Johannes Evangelist Wagner,* 44–45.

100 »Kretinen« war ein medizinischer Ausdruck für Menschen mit geistiger Behinderung, wurde in diesem Sinn offiziell verwendet, verkam landläufig jedoch vielfach zu einem Spottnamen.

101 Joseph Probst (1816–1884): Akten im Archiv der Stiftung Ecksberg.

102 Seine über Jahre ersparten Lohnanteile gingen beim Bankrott der Fuggerschen Sparkasse verloren; die 12 000 Gulden stammten aus Reserven des Taubstummeninstituts und von Spendern.

103 Grabrede mit einer Lebensskizze der gräflichen Franziskanerin: Feihl, Lebensbeschreibung, 550–554.

104 Eintrittsverträge sahen z.B. vor, dass durch die Mitgift einer Kuh die Leistungen für lebenslange Unterbringung abgegolten waren.

105 Das Zitat ging so in die Statuten vom 10. Mai 1869 ein: ADRWD.

106 Auch Wagners Schüler Dominikus Ringeisen, der 1884 in Ursberg ein eigenes Werk für Menschen mit Behinderung gründete, orientierte sich an dieser Pionierleistung.

107 Zit. Feihl, *Lebensbeschreibung,* 534–535. Zur Gründung und Konsolidierung von Glött insgesamt: ebd. 521–549.

108 Feihl, *Lebensbeschreibung,* 672.

109 Zur Gründung und Entwicklung von Zell: Feihl, *Lebensbeschreibung,* 663–724.

110 Text des Schreibens: Schreyer, *Geschichte der Dillinger Franziskanerinnen.* 2, 564–565; mit den Quellen zum Kriegseinsatz: ebd. 564–624.

111 Schreyer, *Geschichte der Dillinger Franziskanerinnen.* 2, 598; zum Kriegseinsatz in Kürze: Haas, *Geschichte der Dillinger Franziskanerinnen,* 206–212.

112 Schreyer, *Geschichte der Dillinger Franziskanerinnen.* 2, 618–621.

113 Akten im ABA PS 2237, dokumentiert in Feihl, *Lebensbeschreibung,* 423, 481–499.

114 Zit. Feihl, *Lebensbeschreibung,* 486. »Invektiven« sind erniedrigende Verleumdungen.

115 Feihl, *Lebensbeschreibung,* 392–393, dazu *Pastoralblatt für die Diözese Augsburg* 29 (1886) 389; zur Statistik: Thomas Specht, *Geschichte des Kgl. Lyceums Dillingen (1804–1904). Festschrift,* Regensburg 1904, 243.

116 Mit den Hintergründen der Erklärung und zwei Übersetzungen ihres Textes: Niklaus KUSTER, *Unser aller Vater. Beten wie Franz von Assisi*, Ostfildern 2020, 80–116.

117 Johannes Evangelist Wagner, *Deutsche Aufsätze*, ABA PS 2335, zit. FEIHL, *Lebensbeschreibung*, 13.

118 Text des ganzen Rundschreibens: FEIHL, *Lebensbeschreibung*, 573–574.

119 Grundsätze vom 9. Februar 1886: FEIHL, *Lebensbeschreibung*, 1270–1273.

120 Zit. FEIHL, *Lebensbeschreibung*, 1271.

121 Transkription der originalen Handschrift im ADRWD: FEIHL, *Lebensbeschreibung*, 49.

122 Der Psalm kommt im Römischen Brevier am Donnerstagmorgen der dritten und am Montagmorgen der vierten Woche vor, einmal in der Lesehore und einmal in den Laudes.

123 Reinhard MARX, *Gerechtigkeit und Teilhabe für alle. 125 Jahre Rerum novarum und die Katholische Soziallehre*, Köln 2016; *Rerum Novarum 1891–1991. Cent ans d'enseignement social chrétien – Hundert Jahre Christliche Soziallehre*, hg. von Nicolas MICHEL, Fribourg 1991.

124 ZOEPFL, *Johannes Evangelist Wagner*, 54–55.

125 Präzise 121 von 324 Schwestern: SCHREYER, *Geschichte der Dillinger Franziskanerinnen*. 2, 558–559. Die folgenden Zahlen ergeben sich aus der Auswertung der Sterberegister im AGDF.

126 SCHREYER, *Geschichte der Dillinger Franziskanerinnen*. 2, 559.

127 Die Filialgründung in Allersberg dokumentiert SCHREYER, *Geschichte der Dillinger Franziskanerinnen*. 2, 667–677.

128 Rundschreiben vom April 1870: SCHREYER, *Geschichte der Dillinger Franziskanerinnen*. 2, 559–560.

129 Zit. SCHREYER, *Geschichte der Dillinger Franziskanerinnen*. 2, 522–523. »Welle« bezeichnet hier ein Volumenmaß für Reisigholz als Brennstoff.

130 Zirkular vom 15. Februar 1871: SCHREYER, *Geschichte der Dillinger Franziskanerinnen*. 2, 560–561.

131 Zirkular vom 4. Dezember 1867: SCHREYER, *Geschichte der Dillinger Franziskanerinnen*. 2, 555.

132 Unpräzise fasst HAAS, *Geschichte der Dillinger Franziskanerinnen*, 220, die entsprechenden Daten bei SCHREYER, *Geschichte der Dillinger Franziskanerinnen*. 2, 626, zusammen.

133 Zit. SCHREYER, *Geschichte der Dillinger Franziskanerinnen*. 2, 625.

134 AGDF, Totenbuch der Kongregation 1821–1890, 67–70: Nachruf

neu transkribiert von Sr. Alexandra Lowinski; mit den Daten zur Bestattung und späteren Überführung: SCHREYER, *Geschichte der Dillinger Franziskanerinnen.* 2, 626–627.

135 Manfred BERGER, *Haselmayr, (Clara) Sr. Maria Theresia OSF,* in BBKL 20, Nordhausen 2002, 715–719.

136 Original: ABA PS 2266, der Text abgedruckt in FEIHL, *Lebensbeschreibung,* 200–201, Dokument IV/40.

137 Original: ABA PS 2266, der Text abgedruckt in FEIHL, *Lebensbeschreibung,* 201, Dokument IV/41.

138 Die Amtszeit Sr. Angelinas und ihre Gründungen skizziert HAAS, *Geschichte der Dillinger Franziskanerinnen,* 224–243; ausführlicher im Spiegel der Quellen: SCHREYER, *Geschichte der Dillinger Franziskanerinnen.* 2, 628–736.

139 FEIHL, *Lebensbeschreibung,* 751. Zur Gründung von Hohenwart mit den Quellen: ebd. 725–813.

140 FEIHL, *Lebensbeschreibung,* 843. Zur Gründung von Lauterhofen: ebd. 815–846.

141 SCHREYER, *Geschichte der Dillinger Franziskanerinnen.* 2, 729.

142 FEIHL, *Lebensbeschreibung,* 886. Zur Gründung von Holnstein: ebd. 846–866. Das Bild der Drachmen stammt aus dem Lukasevangelium (15,8–10).

143 Chronik aus Michelfeld, verfasst von der ersten Oberin Alphonsa Stolz, jetzt im ADRWD.

144 Zitat von Sr. M. Alphonsa, siehe Anm. 144.

145 Johann Nepomuk AHLE, *Johannes Evangelist Wagner,* in: *Literarische Beilage zur Augsburger Postzeitung* vom 12. Mai 1920, Nr. 8/1920, 30.

146 Dazu FEIHL, *Lebensbeschreibung,* 1255–1256.

147 Die Gründung von Michelfeld dokumentiert ausführlich FEIHL, *Lebensbeschreibung,* 1023–1215. Zitat aus der Chronik von Michelfeld, ADRWD.

148 Zu den letzten Lebensmonaten mit den Quellen: FEIHL, *Lebensbeschreibung,* 1327–1414, zum Kutschertraum: 1331–1332.

149 Vgl. Ullrich, *Biographie,* Handschrift-Bd. 1, 227, an seinen Bruder gewandt: »nun komme ich als ein Krüppel«.

150 Zum franziskanischen Geist Wagners und zu seiner Drittordensprofess: FEIHL, *Lebensbeschreibung,* 1336–1338.

151 Das Gutachten vom September 1862 mit Einblick in die franziskanischen Anfänge findet sich im Archiv des Klosters Au am Inn und ist transkribiert in FEIHL, *Lebensbeschreibung,* 196–199.

152 Details zum Drittordenseintritt: FEIHL, *Lebensbeschreibung,* 1376–

1377. Wolfgang Berger als Drittordensdirektor jener Zeit identifiziert hat Dr. Carolin Weichselgartner, die Archivarin der Deutschen Kapuzinerprovinz: Archiv der Provinz der Bayerischen Kapuziner II 10 4 (Provinztafeln/Status) und X 151 22 257 (Personalakte).

153   Gertraud FEIHL, *Regens Johann Evangelist Wagner. In der Zeit nach seinem Tod* (Heft 2008/8), 5–6.

154   So die mit den Quellen bestens vertraute Biografin FEIHL, *Lebensbeschreibung*, 1344.

155   Auskunft von Bernhard Brenner, Archivar im ADRWD: »Als Wagner am 10. Oktober 1886 starb, war Michelfeld eine Stiftung – die Urkunde über die Errichtung derselben ist auf den 9. August 1886 datiert«.

156   Gertraud FEIHL, *Regens Johann Evangelist Wagner. In der Zeit nach seinem Tod* (Heft 2008/8), 6–7.

157   Dazu SCHREYER, *Geschichte der Dillinger Franziskanerinnen.* 2, 146–148. Sr. Ignatia leitete Medingen als Stellvertreterin der Meisterin.

158   Motto für eine Schwester im Jahr 1870: ZOEPFL, *Johannes Evangelist Wagner*, 56.

159   Martina KREIDLER-KOS – Niklaus KUSTER, *Bruder Feuer und Schwester Licht. Franz und Klara von Assisi*, Ostfildern 2021, 259.

160   ZOEPFL, *Johannes Evangelist Wagner*, 55, und FEIHL, *Lebensbeschreibung*, 237–238.

161   *Franziskus-Quellen. Die Schriften des heiligen Franziskus, Lebensbeschreibungen, Chroniken und Zeugnisse über ihn und seinen Orden (Zeugnisse des 13. und 14. Jahrhunderts zur Franziskanischen Bewegung.* 1), hg. von Dieter BERG – Leonhard LEHMANN, Kevelaer 2009, 51, 56–57.

162   So in Lauterhofen: zit. FEIHL, *Lebensbeschreibung*, 920.

163   Zit. FEIHL, *Lebensbeschreibung*, 1328.

164   Zit. FEIHL, *Lebensbeschreibung*, 1342–1343.

165   Niklaus KUSTER, *Franziskus. Rebell und Heiliger*, Freiburg ⁴2016, 102–104, 133; *Franziskus-Quellen*, 1297.